DEATH NOTE

CETTE ŒUVRE EST UNE FICTION.
TOUTE RESSEMBLANCE AVEC DES ÉVÉNEMENTS ET/OU DES
PERSONNAGES EXISTANTS SERAIT PUREMENT FORTUITE.

DÉCONSEILLÉ AUX MOINS DE 12 ANS.

DEATH NOTE

Scénario 大場つぐみ Tsugumi OHBA **Dessin** 小畑 健 Takeshi OBATA

"Ceux dont le nom est écrit dans ce cahier meurent..." C'est Light Yagami, un brillant lycéen, qui a ramassé le death note que le dieu de la Mort Ryûk a laissé tomber. Il décide de l'utiliser pour construire la société idéale selon lui, en mettant au pas les criminels. Il agit sous le nom de Kira. L est le nom de celui qui essaie d'arrêter Kira. Une guerre de cerveaux s'engage entre les deux garçons... Light, qui finit par tuer L, pense que ses problèmes sont terminés.

Quatre ans plus tard, Light, qui est devenu le "deuxième L," et qui continue à agir en tant que Kira, approche du monde idéal dont il rêve. Mais aux États-Unis, les deux protégés de L sont entrés en action et veulent l'arrêter. Tous deux sont au courant de l'existence du carnet. Ils vont dès lors se battre pour l'obtenir, ce qui constitue selon eux le meilleur moyen de mettre la main sur Kira. Grâce à d'habiles manœuvres, Mello réussit à acquérir le cahier et découvre par l'intermédiaire de son propriétaire d'origine, le dieu de la Mort Sidoh, que la règle des 13 jours est fausse. Le bureau d'enquête réussit à reprendre le cahier à Mello qui s'enfuit, mais Sôichirô Yagami, le père de Light, meurt. Ensuite, Mello, qui se cachait jusqu'alors, entre en contact avec Near pour échanger des informations avec lui. En découvrant que la règle des 13 jours est fausse, Near se met à soupçonner le nouveau L d'être Kira et il sème le doute dans le bureau d'enquête japonais. Certains renseignements obtenus lors de diverses circonstances éveillent les soupçons des membres du bureau d'enquête sur la culpabilité de Light. Aizawa le suspecte tout particulièrement et contacte Near. Après un entretien avec Aizawa, Near a la certitude que Light est le nouveau L. De son côté, Light a demandé à Misa d'être la nouvelle propriétaire de son cahier, afin que les enquêteurs ne puissent pas remonter jusqu'à lui. En outre, il fait jouer le rôle de Kira à Mikami, un fervent adorateur de Kira. Mais à cause de la surveillance qu'on exerce sur lui, Light ne peut pas lui transmettre ses instructions directement. Mikami, qui l'a compris, se met à rendre la justice lui-même, mais il désire que Kira lui donne ses ordres. Mikami choisit donc un porte-parole pour Kira : il s'agit de la présentatrice de NHN, Kiyomi Takada, qui était justement la petite amie de Light quand il était encore à l'université. Light s'en rend compte et contacte Takada au nom du bureau d'enquête, et par l'intermédiaire de celle-ci, il réussit enfin à communiquer avec Mikami.

CETTE FILLE... ELLE EST CERTAINEMENT EN RELATION AVEC KIRA, OU DU MOINS AVEC CELUI QUI A LE CAHIER, ET ELLE DOIT ÊTRE SÛRE QUE SA VIE N'EST PAS EN DANGER... SINON ELLE NE POURRAIT PAS CONTINUER À EXPRIMER SI OUVERTEMENT SON OPINION À KIRA...

EN CONSIDÉRANT TOUS LES CRIMINELS QUE KIRA A JUGÉS JUSQU'ICI, JE TROUVE QU'IL DEVRAIT ÉTABLIR DES NORMES ET...

PAGE 89. ÂMES SŒURS

MAINTENANT QUE TOUT EST EN PLACE, C'EST À MOI D'ALLER AU JAPON...

NHN

AH OUI... JE M'Y ATTENDAIS.

NEAR, NOUS ESSAYONS D'APPROCHER TAKADA, MAIS IL Y A DE PLUS EN PLUS D'OBSTACLES... IL NOUS FAUDRA ENCORE PAS MAL DE TEMPS...

PAGE 89. ÂMES SŒURS

JE VAIS PARTIR AU JAPON, MOI AUSSI.

COMMANDANT RESTER, POUVEZ-VOUS REVENIR PROVISOIREMENT À NEW YORK ?

ET JE ME TIENDRAI PRÊT À NEW YORK PENDANT QUE VOUS ÊTES AU JAPON, C'EST CELA ?

PROVISOI-REMENT...?

ALORS, POURQUOI DOIS-JE REVENIR À NEW YORK ?

?

NON.

TRÈS BIEN...

PARCE QUE JE NE ME SUIS JAMAIS OCCUPÉ MOI-MÊME DES FORMALITÉS NÉCESSAIRES POUR FAIRE UN VOYAGE. J'AIMERAIS DONC QUE VOUS REVENIEZ ET QUE NOUS ALLIONS ENSEMBLE AU JAPON.

L'ÉMISSION SERA PRÉSENTÉE PAR KIYOMI TAKADA !!

C'EST SA PREMIÈRE PARTICIPATION À CETTE ÉMISSION. "JE FERAI DE MON MIEUX !"

LE RETOUR DE MISA AMANE !! ELLE PARTICIPERA AU PROGRAMME DE VARIÉTÉS DU 31 DÉCEMBRE SUR NHN !

NOUS DEVONS D'ABORD DÉCOUVRIR QUEL MEMBRE DU PERSONNEL DE NHN REÇOIT LES MAILS DE KIRA. BIEN SÛR, JE FERAI MON ENQUÊTE EN PASSANT PAR TAKADA.

IL NOUS FAUT QUELQU'UN QUI A SES ENTRÉES À NHN. J'AI DIT À MISA D'ÊTRE PRUDENTE, ET MOGI POURRA ENTRER AVEC ELLE EN TANT QUE MANAGER.

OUI. IL EST TRÈS DIFFICILE D'ENTRER À NHN À L'HEURE ACTUELLE, MAIS DE CETTE FAÇON, NOUS N'ÉVEILLERONS PAS LES SOUPÇONS.

COMME NOUS LE PENSIONS, YOSHIDA PRODUCTIONS ET NHN ONT SAUTÉ SUR L'OCCASION !

DEPUIS CET APPEL DE KIRA QUAND LIGHT SE TROUVAIT À L'HÔTEL AVEC TAKADA, NOUS AVONS SUPPRIMÉ LES CAMÉRAS ET NOUS AVONS JUSTE CACHÉ UN MICRO SUR LIGHT SANS LE DIRE À TAKADA, DE SORTE QUE NOUS PUISSIONS NOUS EN DÉBARRASSER RAPIDEMENT SI JAMAIS CELA SE REPRODUISAIT...

MAIS LIGHT SERAIT EN DANGER SI UN ADORATEUR DE KIRA DÉCOUVRAIT LE MICRO QUI EST SUR LUI...

SOUPÇONNE-MOI SI TU VEUX, AIZAWA. DE TOUTE FAÇON, MON ENNEMI, C'EST NEAR, PAS LE BUREAU D'ENQUÊTE JAPONAIS...

MAIS SANS CAMÉRAS DE SURVEILLANCE, IL Y A DE NOMBREUX MOYENS DE COMMUNIQUER, PAR EXEMPLE EN CORRESPONDANT PAR ÉCRIT, ET CE MICRO NE SERT PEUT-ÊTRE À RIEN...

LE CAHIER EST CONSERVÉ AU Q.G., PERSONNE NE S'EN SERT, PAS MÊME LIGHT...

KIYOMI TAKADA... ET MISA... JE SUIS SÛR QU'UN HOMME DE NEAR ESSAIERA DE S'INFILTRER À NHN OU D'APPROCHER TAKADA. JE DÉCOUVRIRAI CET HOMME ET JE ME SERVIRAI DE LUI POUR TUER NEAR...!

IL Y A AUSSI MES LIENS AVEC MISA... MÊME SI CE N'EST QU'UNE COÏNCIDENCE, QUAND TAKADA A ÉTÉ CHOISIE POUR ÊTRE LE PORTE-PAROLE DE KIRA, NEAR A DÛ EN CONCLURE QUE LIGHT YAGAMI ÉTAIT L...

QU'EST-CE QU'IL NOUS VEUT ENCORE ?

C'EST NEAR ! ÇA FAISAIT LONGTEMPS...

Bip Bip

!

NEAR, C'EST MOI, L.

ICI, NEAR. PASSEZ-MOI L...

NEAR... QU'EST-CE QUE VOUS VOULEZ ?

L... VOILÀ BIEN LONGTEMPS...

JE VOUS SUIS RECONNAISSANT DE GARDER LA CONNEXION OUVERTE.

14

IL EST AU JAPON...!?

JE ME TROUVE ACTUELLEMENT AU JAPON POUR CAPTURER KIRA.

CELUI-LÀ... IL SAIT CE QUE JE PENSE ET IL ESSAIE DE M'AVOIR...

LA FAÇON LA PLUS LOGIQUE DE RECHERCHER KIRA EST DE PRENDRE KIYOMI TAKADA COMME POINT DE DÉPART...

POURQUOI M'APPELLE-T-IL POUR ME DIRE QU'IL EST AU JAPON ?

TCHIK

C'EST POURQUOI J'AI DÉCIDÉ D'ALLER AU JAPON ET D'Y MENER DES RECHERCHES.

...

POUR CE QUI EST DES RECHERCHES, JE SUIS AU JAPON ET JE M'EN OCCUPE.

LIGHT ...

!

VOUS AVEZ DIT "JE", N'EST-CE PAS ?

SI VOUS VOULEZ COLLABORER, JE SUIS D'ACCORD POUR LE FAIRE, MOI AUSSI, MAIS VU QUE VOUS AVEZ DES SOUPÇONS À MON ÉGARD, JE PENSE QUE CE NE SERA PAS POSSIBLE...

OUI.

16

SI LIGHT ÉTAIT KIRA, JE NE COMPRENDS PAS POURQUOI IL DIRAIT À NEAR QU'IL A DES CONTACTS AVEC TAKADA...

EST-IL NÉCESSAIRE D'EN DIRE AUTANT ? AINSI, NEAR VA COMPRENDRE QUE LIGHT EST L...!

J'AI MOI-MÊME CONTACTÉ LA PRÉSENTATRICE TAKADA ET JE SUIS EN TRAIN DE FAIRE DES RECHERCHES SUR ELLE.

... AFIN DE GAGNER LA CONFIANCE DES MEMBRES DE L'ÉQUIPE...

IL DIT CELA ALORS QU'IL SE TROUVE À SON Q.G...

!...

JE VOIS... IL M'EN PARLE DE SA PROPRE INITIATIVE CAR AINSI, JE NE PEUX PLUS LE DÉCOUVRIR MOI-MÊME. IL PEUT ALORS PRÉTENDRE QUE C'EST POUR L'ENQUÊTE QU'IL EST EN CONTACT AVEC AMANE OU TAKADA...

ICHI-K

ICHI-K

NOTRE ENQUÊTE A AVANCÉ AU POINT QUE L'INSPECTEUR MOGI A PU S'INTRODUIRE À NHN...

TU COMPRENDS, NEAR ? TU AURAS BEAU RÉPÉTER QUE LIGHT YAGAMI EST KIRA, CELA NE TE MÈNERA NULLE PART TANT QUE TU NE DISPOSERAS PAS DE PREUVE DE CE QUE TU AVANCES.

C'EST PARFAIT... L... LIGHT YAGAMI... OU PLUTÔT KIRA...

IL SAIT DONC QUE JE PENSE QUE "L... LIGHT YAGAMI = KIRA"...

...

...

OUI...

!?

VOUS AVEZ DIT QUE VOUS ÉTIEZ EN CONTACT AVEC LA PRÉSENTATRICE TAKADA ET QUE VOUS ENQUÊTIEZ SUR ELLE.

NOUS TROUVERONS NOUS AUSSI UN MOYEN D'ENTRER À NHN... MAIS J'AI QUELQUE CHOSE À VOUS DEMANDER.

L...

...

HIHIK

VU QUE CETTE SOCIÉTÉ EST DOMINÉE PAR KIRA, IL SERA AISÉ POUR TAKADA, VU SA POSITION, DE LUI TRANSMETTRE CETTE INFORMATION.

ALORS, VEUILLEZ TRANSMETTRE LE MESSAGE SUIVANT À TAKADA DE LA FAÇON QUE VOUS SOUHAITEZ : DITES-LUI QUE LES MEMBRES DU S.P.K. QUI ONT ÉCHAPPÉ AUX ADORATEURS DE KIRA À NEW YORK SONT ARRIVÉS AU JAPON POUR CAPTURER KIRA.

!....

VOUS POUVEZ MÊME L'AUTORISER À DIRE QUE CES MEMBRES NE SONT QU'AU NOMBRE DE QUATRE ET QUE NEAR EN FAIT PARTIE.

QU'ESSAIE-T-IL DE FAIRE, CETTE FOIS...?

AIZAWA ET MOGI LES ONT RENCONTRÉS... ILS CONNAISSENT DONC LEURS VISAGES ?...

CE N'EST PAS UN MENSONGE. CETTE INFORMATION EST VRAIE.

LES TROIS AUTRES MEMBRES SONT CEUX QUE MESSIEURS AIZAWA ET MOGI ONT RENCONTRÉS AU SIÈGE DU S.P.K.

NEAR NE PENSE-T-IL PAS QUE LIGHT EST KIRA ? IL DOIT SAVOIR QUE LES MEMBRES DU S.P.K. SE FERONT TUER SI ON LES DÉCOUVRE ET SI ON PRÉVIENT L... ILS PARLENT TOUS LES DEUX DE COLLABORER ET DE NE PAS PERTURBER L'ENQUÊTE DE L'AUTRE, MAIS...

EN FAIT, DE QUOI PARLENT-ILS ? COMMUNIQUENT-ILS PAR TRANSMISSION DE PENSÉE ?

NOUS NE VOULONS PAS PERTURBER VOTRE ENQUÊTE.

SI MESSIEURS AIZAWA ET MOGI APERÇOIVENT CES COLLÈGUES, PAR EXEMPLE À PROXIMITÉ DU SIÈGE DE NHN, QU'ILS N'HÉSITENT PAS À PRÉVENIR L.

LE MESSAGE QUE TRANSMETTRA TAKADA DOIT SERVIR À ATTIRER KIRA, C'EST TOUT.

MAIS NE MONTREZ PAS LEURS VISAGES À LA TÉLÉVISION NI DANS LES AUTRES MÉDIAS EN LES PRÉSENTANT COMME DES MEMBRES DU S.P.K.

! ...

CONTRE-ATTAQUER...

ET À CE MOMENT, J'EN PROFITERAI POUR CONTRE-ATTAQUER ET POUR LE VAINCRE.

NOUS NE SOMMES QUE QUATRE, MOI INCLUS. KIRA N'A AUCUNE RAISON DE S'ENFUIR. JE SUIS SÛR QU'IL ESSAIERA DE NOUS TUER.

« TU ME RÉVÈLES EXPRÈS LE NOMBRE DES MEMBRES DE TON ÉQUIPE POUR M'INCITER À AGIR... EXACTEMENT COMME JE FAIS AVEC TOI...

NEAR...

« ET MOI, DE TAKADA, DE MOGI ET D'AMANE...

NEAR SE SERT DES MEMBRES DU S.P.K...

...ET NOUS LE SAVONS TRÈS BIEN...

NOUS ESSAYONS TOUS LES DEUX D'APPÂTER L'AUTRE...

COMME NOUS CONNAISSONS NOS PIÈGES RESPECTIFS, LA QUESTION EST DE SAVOIR QUI TROMPERA L'AUTRE ET QUI TRIOMPHERA.

NEAR... D'ACCORD, JE RELÈVE LE DÉFI.

MAINTENANT QUE J'AI DIT TOUT ÇA, JE SUIS SÛR QUE TU COMPRENDS CE QUE JE VEUX.

L, KIRA... NON, LIGHT YAGAMI...

...

~

N

...?

OUI.

NEAR... QUATRE MEMBRES DU S.P.K. SE TROUVENT MAINTENANT AU JAPON. C'EST LE MESSAGE QUE VOUS VOULEZ TRANSMETTRE, N'EST-CE PAS ?

JE ME TROUVE AU JAPON.

AU DÉBUT, J'AI RASSEMBLÉ TOUS CEUX QUI POUVAIENT TRAVAILLER SOUS MES ORDRES, MAIS DANS LA SITUATION ACTUELLE, JE N'AI PAS BESOIN DE BEAUCOUP DE MONDE.

POURQUOI RÉPÈTENT-ILS LA MÊME CHOSE ?

MOI AUSSI, JE ME TROUVE AU JAPON.

... IL EST POSSIBLE QUE DANS UN FUTUR PROCHE...

DANS CE CAS...

EN EFFET.

... NOUS NOUS RETROUVIONS FACE À FACE.

OUI.

JE COMPTE SUR VOUS QUAND CE MOMENT SERA VENU.

TRÈS BIEN.

EN FINIR...

ALORS, NOUS EN FINIRONS UNE FOIS POUR TOUTES AVEC KIRA.

SI NEAR ET LES S.P.K. MEURENT, JE GAGNE, SI LES S.P.K. OBTIENT MON CAHIER, IL GAGNE.

SI NOUS RÉUSSISSONS À ÉLIMINER KIRA ET LES CAHIERS, NOUS GAGNERONS. MAIS SI NOUS MOURONS, KIRA GAGNERA.

LE MONDE NE POURRA REDEVENIR CE QU'IL ÉTAIT AVANT QUE SI NOUS NOUS DÉBARRASSONS DE KIRA ET DES CAHIERS EXISTANTS.

...

NEAR A RAISON...

CETTE LUTTE N'A JAMAIS SERVI QU'À PROUVER LEQUEL DE NOUS EST LE PLUS FORT.

CETTE LUTTE QUE NOUS MENONS NE CONCERNE PLUS... OU PLUTÔT, N'A JAMAIS CONCERNÉ L'ARRESTATION DE KIRA... LES RÈGLES DE CE COMBAT NE CORRESPONDENT PAS AUX LOIS DE CE MONDE...

SI C'EST CE QUE TU SOUHAITES, C'EST AUSSI CE QUE JE VEUX.

TRÈS BIEN, NEAR. SI TU PASSES À L'ACTION EN PERSONNE, JE FERAI PAREIL.

À CE MOMENT, LA LUTTE SERA FINIE ET J'ENTAMERAI MON ASCENSION VERS LE SOMMET !

ET QUAND NOUS NOUS RETROUVERONS FACE À FACE, NOUS VERRONS QUI DE NOUS DEUX SERA LE MIEUX PRÉPARÉ ET QUI SERA LE VAINQUEUR...

DEATH NOTE
HOW to USE it
LX

○ After a god of death has brought the DEATH NOTE to the human world and given its ownership to a human, the god of death may have the right to kill the human using his/her own DEATH NOTE for reasons such as disliking the owner.

Quand un dieu de la Mort a apporté son cahier dans le monde des humains et qu'il l'a donné à un humain, ce dieu de la Mort a le droit de tuer celui qui se sert de son cahier pour diverses raisons, par exemple, si ce dernier ne lui plaît pas.

ET QUAND NOUS NOUS RETROUVERONS FACE À FACE, NOUS VERRONS QUI DE NOUS DEUX SERA LE MIEUX PRÉPARÉ ET QUI SERA LE VAINQUEUR...

TRÈS BIEN, NEAR, SI TU PASSES À L'ACTION EN PERSONNE, JE FERAI PAREIL.

À CE MOMENT, LA LUTTE SERA FINIE ET J'ENTAMERAI MON ASCENSION VERS LE SOMMET !

NON, JE CROIS QU'IL A PLUTÔT DIT QUE PUISQUE NOUS FAISONS LA MÊME ENQUÊTE, NOUS NOUS RENCONTRERONS PROBABLEMENT. IL NOUS PROPOSE DONC DE NE PAS NOUS GÊNER MUTUELLEMENT...

QUE DIT NEAR ? FINALEMENT, IL VEUT NOUS RENCONTRER POUR QU'ON TRAVAILLE ENSEMBLE, C'EST ÇA ?

NON, JE RÉFLÉCHIS TROP... ET J'ESPÈRE QUE C'EST LUI QUI A RAISON...

MAIS SI LIGHT EST VRAIMENT KIRA, IL A DONC RELEVÉ LE DÉFI DE NEAR...

POURTANT, IL PARLAIT DE RENCONTRER L ET D'EN FINIR AVEC KIRA... ALORS, SI NEAR PENSE QUE L EST KIRA, CELA SIGNIFIE QU'IL LE CAPTURERA LORS DE LEUR RENCONTRE...

IL EST CERTAIN QUE NEAR PENSE QUE LE NOUVEAU L EST KIRA. NORMALEMENT, IL DEVRAIT TOUT FAIRE POUR ÉVITER QUE L'ON VOIE SON VISAGE...

OUI !

ON DIRAIT BIEN QUE NEAR SE FOURVOIE DE NOUVEAU... NE NOUS SOUCIONS PAS TROP DE LUI ET POURSUIVONS NOTRE ENQUÊTE.

MAINTENANT, LE MONDE DE KIRA EST PRESQUE ENTIÈREMENT ACHEVÉ, ET CEUX QUI LE GÊNENT ENCORE, CE SONT LES MEMBRES DU S.P.K., MELLO, LE BUREAU D'ENQUÊTE JAPONAIS ET MOI... ET CELUI QUI DÉRANGE LE PLUS KIRA EN CE MOMENT, C'EST MOI, MAIS IL NE CONNAIT PAS MON NOM ET IL N'A PAS DE PHOTO DE MOI.

SI KIRA ME TUE, IL TUERA SANS DOUTE AUSSI LES MEMBRES DU S.P.K. ET IL N'AURA AUCUN MAL À TUER LES MEMBRES DU BUREAU D'ENQUÊTE JAPONAIS...

COMME NOUS LE SAVONS, MELLO AGIT TOUJOURS SOUS LE COUP DE SES ÉMOTIONS. KIRA PENSE PEUT-ÊTRE QU'IL POURRA LE TUER FACILEMENT EN SE SERVANT DE SES ADORATEURS...

APPAREMMENT, LE NOM DE MELLO A DÉJÀ ÉTÉ DÉCOUVERT. EN PLUS, MELLO EST CONSIDÉRÉ COMME L'ASSASSIN PRÉSUMÉ DU DIRECTEUR DE LA POLICE JAPONAISE ET DE SON DIRECTEUR ADJOINT...

LE SORT EN EST JETÉ. NOUS DEVONS AGIR, NOUS N'AVONS PAS LE CHOIX.

MAINTENANT QUE J'ENTRE ENFIN EN ACTION, ALORS QUE JE SUIS SON PIRE GÊNEUR ET QUE JE N'AI RIEN FAIT JUSQU'À PRÉSENT, KIRA NE LAISSERA PAS PASSER CETTE OCCASION DE ME TUER. ENFIN, LE FAIT QU'IL ACCEPTE DE ME RENCONTRER INDIQUE QU'IL RELÈVE LE DÉFI.

LIGHT →

... IL NE FAIT PRESQUE AUCUN DOUTE QU'IL EST KIRA. J'EN SUIS SÛR À 99,9999 %... SI CE N'EST PAS À 100 %, C'EST PARCE QUE JE NE DISPOSE PAS D'UNE PREUVE CONVAINCANTE.

MAIS...

MAIS, ET C'EST BIEN NORMAL, IL NE RECONNAÎTRA PAS QU'IL EST KIRA. JUSQU'À PRÉSENT, DE NOMBREUX ÉLÉMENTS NOUS ONT PERMIS DE LE SOUPÇONNER D'ÊTRE KIRA, MAIS NOUS NE DISPOSONS PAS D'UNE PREUVE DÉTERMINANTE.

L EST LIGHT YAGAMI ET KIRA. L RÉPONDRAIT SÛREMENT PAR L'AFFIRMATIVE SI NOUS LUI DEMANDIONS S'IL EST LIGHT YAGAMI, VU QU'IL NOUS A DIT QU'IL ÉTAIT ENTRÉ PERSONNELLEMENT EN CONTACT AVEC TAKADA.

EXAMINONS UN PEU LA SITUATION...

EN EFFET, LES GENS DE SON ENTOURAGE LE SURVEILLENT ET ILS CHERCHENT LE CAHIER.

MAIS POUR LE MOMENT, L-KIRA NE SE SERT PAS LUI-MÊME DU CAHIER.

KIRA — APPELONS-LE DONC L-KIRA — EST ENTOURÉ DE GENS CONNAISSANT L'EXISTENCE DU CAHIER : AIZAWA, MOGI ET LES AUTRES...

EN CONSIDÉRANT LA POSSIBILITÉ QUE KIRA SE SOIT SERVI D'AMANE DANS LE PASSÉ ET COMPTE TENU DE L'ATTAQUE DE LA BASE DE MELLO, JE PENSE QUE L-KIRA NE POSSÈDE PAS LES YEUX DE LA MORT. MAIS LES DERNIERS ASSASSINATS DE CRIMINELS INDIQUENT QUE X-KIRA LES A.

IL Y A DONC UNE AUTRE PERSONNE QUI POSSÈDE ET UTILISE LE CAHIER. APPELONS-LE X-KIRA.

... PARCE QUE LES MESSAGES DE KIRA SONT DIFFUSÉS SUR NHN ET QUE L-KIRA VOIT TAKADA.

DANS CE CAS, IL EST RAISONNABLE DE PENSER QUE C'EST TAKADA QUI LEUR SERT D'INTERMÉDIAIRE POUR COMMUNIQUER ...

BIEN SÛR, L-KIRA ET X-KIRA COMMUNIQUENT SÛREMENT D'UNE FAÇON OU D'UNE AUTRE. MAIS COMME L-KIRA EST SOUS SURVEILLANCE, IL LUI EST TRÈS DIFFICILE, OU PLUTÔT, IMPOSSIBLE, DE RENCONTRER X-KIRA.

POUR LE MOMENT, TANT L-KIRA QUE X-KIRA PEUVENT ENVOYER DES MESSAGES À TAKADA, CE QUE JE TROUVE SUSPECT. DE PLUS, MÊME SI TAKADA EST LA MARIONNETTE DE KIRA, ELLE N'EN RESTE PAS MOINS QUELQU'UN DE LA PLUS GRANDE IMPORTANCE POUR QUE NOUS DÉCOUVRIONS X-KIRA.

IL N'ÉTAIT PEUT-ÊTRE PAS NÉCESSAIRE DE TOUT VOUS EXPLIQUER EN DÉTAIL, MAIS VOILÀ OÙ NOUS EN SOMMES.

VOICI LA PREMIÈRE...

... JE PENSE QUE DEUX VOIES S'OFFRENT À NOUS.

EN CE QUI CONCERNE LA MÉTHODE À SUIVRE POUR VAINCRE KIRA...

... SE FONT TUER PAR NOUS...

... ET X-KIRA...

L-KIRA...

KLONK

KLONK

OUI... ET ÇA PROUVERA QUE LIGHT YAGAMI EST KIRA.

SI LES TUERIES DE KIRA PRENNENT FIN DE CETTE FAÇON, C'EST QUE NOUS AVIONS RAISON.

... ET NOUS CONFISQUIONS LE CAHIER.

!?

... NOUS NE RECOURRONS À CETTE MÉTHODE À AUCUN PRIX.

MAIS...

OUI.

JE SUIS QUASIMENT SÛR À 100 % QUE L EST KIRA, DONC JE PENSE QUE CETTE MÉTHODE RÉSOUDRAIT L'AFFAIRE.

POURQUOI ?

DE PLUS, LES ASSASSINATS POURRAIENT SE POURSUIVRE AU CAS OÙ IL Y AURAIT UN Y-KIRA OU UN Z-KIRA.

PARCE QUE MÊME SI LES ASSASSINATS PRENNENT FIN, CELA NE PROUVERA JAMAIS QUE LIGHT YAGAMI EST KIRA. PUISQUE AUCUN MEMBRE DU BUREAU D'ENQUÊTE NE SE SERT DU CAHIER, IL EST POSSIBLE QUE L'ON CROIE QUE LES TUERIES ONT PRIS FIN DU FAIT DE LA MORT DE X-KIRA.

... ET DE JUSTIFIER CET ACTE A POSTERIORI EN DISANT, UNE FOIS QUE LES TUERIES AURONT PRIS FIN : "VOUS VOYEZ QUE NOUS AVIONS RAISON !"

... NOUS N'ACCEPTERONS JAMAIS DE TUER LES DEUX KIRA...

MAIS SURTOUT...

MOI...

OUI, NOUS...

"NOUS" ?

DONC, MÊME SI NOUS TUONS L-KIRA ET X-KIRA...

... ET L. NOUS N'AGIRONS PAS AINSI. IL NE SERAIT PAS CONTENT SI NOUS NOUS COMPORTIONS DE CETTE FAÇON.

... NOUS DEVRONS D'ABORD...

LE FAIT QUE L NOUS AIT CONFIÉ LA SUITE DE CETTE MISSION N'AURAIT PLUS AUCUN SENS.

ET COMMENT ALLONS-NOUS PROCÉDER ?

PAR CONSÉQUENT, NOUS ALLONS NOUS DÉBROUILLER POUR OBTENIR UNE PREUVE IRRÉFUTABLE.

IL EST HORS DE QUESTION DE LES TUER AVANT.

... LEUR FOURNIR UNE PREUVE IRRÉFUTABLE, LEUR FAIRE RECONNAÎTRE LEUR DÉFAITE ET BIEN LEUR FAIRE SENTIR LEUR ÉCHEC.

NOUS ALLONS LE POUSSER À ÉCRIRE UN NOM DANS LE CAHIER ET L'ARRÊTER IMMÉDIATEMENT.

LE KIRA

MAIS JE TROUVERAI QUELQUE CHOSE. SI NOUS RENCONTRONS KIRA, LA PREMIÈRE PERSONNE DONT IL INSCRIRA LE NOM, C'EST MOI, ALORS...

NON, PAS ENCORE, MAIS C'EST LE SEUL MOYEN QUI NOUS RESTE.

MAIS... LA PERSONNE DONT LE NOM AURA ÉTÉ INSCRIT MOURRA... AVEZ-VOUS PRÉVU QUELQUE CHOSE À CE SUJET ?

BON, QU'EST-CE QUE JE FAIS...?

... PARCE QUE NOUS ESPÉRONS QUE CELA METTRA FIN AUX MEURTRES, COMME JE VIENS DE LE DIRE.

KIRA SE DOUTE SÛREMENT QUE NOUS ALLONS ESSAYER DE LE TUER ET DE CONFISQUER SON CAHIER...

...

...

EN TOUT CAS, POUR LE MOMENT, NOUS DEVONS TROUVER QUI COMMET CES MEURTRES AU NOM DE KIRA.

NOUS POUVONS PROFITER DU FAIT...

... QUE KIRA ESSAIERA DE NOUS ÉLIMINER AVANT DE SE FAIRE TUER.

OUI...

ET POUR CELA, NOUS DEVONS ENQUÊTER SUR KIYOMI TAKADA ET SUR NHN. MÊME SI KIRA SAIT QUE NOUS ALLONS LE FAIRE.

LA POLICE VA FAIRE TOUT SON POSSIBLE POUR RETROUVER CES HOMMES ET ELLE DEMANDE LA COLLABORATION DE LA POPULATION...

LA POLICE JAPONAISE A ANNONCÉ À TROIS HEURES QUE QUATRE MEMBRES DU S.P.K. QUI S'ÉTAIENT ENFUIS DE NEW YORK ÉTAIENT ENTRÉS AU JAPON.

OUI... ET MOI QUI CROYAIS QU'UN BEAU JOUR, ON NOUS CONSIDÉRERAIT COMME DES HÉROS...

MAINTENANT, CEUX QUI ESSAIENT DE CAPTURER KIRA SONT VRAIMENT CONSIDÉRÉS COMME DES CRIMINELS...

MATSUDA, JE TE LE DEMANDE : C'EST BIEN POUR L'ENQUÊTE QUE LIGHT RENCONTRE KIYOMI TAKADA TOUS LES JOURS, N'EST-CE PAS ?

EH BIEN... C'EST À MOITIÉ UN RENDEZ-VOUS AMOUREUX... SI C'ÉTAIT MOI, CE SERAIT PRESQUE UNIQUEMENT UN RENDEZ-VOUS AMOUREUX, MAIS DANS LE CAS DE LIGHT, JE SUIS SÛR QU'IL S'AGIT EXCLUSIVEMENT D'UNE ENQUÊTE...

OUI !

LIGHT, IL EST TEMPS D'Y ALLER.

... ET POUR QUE CE SOIT LUI QUI GAGNE, IL DEVRA SE DÉBARRASSER DE KIRA ET DES CAHIERS...

NEAR A DIT QUE SI JE VOULAIS OBTENIR LA VICTOIRE, JE DEVRAIS TUER TOUS CEUX QUI CONNAISSENT L'EXISTENCE DU CAHIER...

UNE FOIS QUE NOUS SERONS MORTS, LES CRIMINELS NE SE FERONT PLUS TUER... IL AURA ALORS LA PREUVE QU'IL SOUHAITAIT... MAIS IL POURRAIT AUSSI ME TUER APRÈS M'AVOIR PRÉSENTÉ UNE PREUVE IRRÉFUTABLE...

DANS CE CAS, LE PLUS SIMPLE POUR NEAR SERAIT DE NOUS TUER, MOI ET MIKAMI, ET DE PRENDRE LES CAHIERS...

MAIS J'AI AFFAIRE AU SUCCESSEUR DE L, PAS À L... IL ESSAIERA PEUT-ÊTRE DE ME TUER...

JE SUIS SÛR QUE TOI, TU M'AURAIS PRÉSENTÉ D'ABORD UNE PREUVE, SINON, CETTE BATAILLE... DANS LAQUELLE NOTRE FIERTÉ EST EN JEU, N'AURAIT PAS EU DE RÉEL VAINQUEUR.

L...

 ... LE SEUL MOYEN EST DE M'ARRÊTER AU MOMENT OÙ NOUS INSCRIVONS UN NOM DANS LE CAHIER, OU DE NOUS FORCER À FAIRE DES AVEUX.

 MAIS SI NEAR ESSAIE DE TROUVER UNE PREUVE IRRÉFUTABLE CONTRE MOI...

 SI NEAR NOUS CAPTURE AU MOMENT OÙ NOUS INSCRIVONS UN NOM, IL AURA LA PREUVE QUI LUI MANQUE.

MAIS TÔT OU TARD, JE DEVRAI INSCRIRE LE NOM DE NEAR DANS LE CAHIER ET LE TUER, IL LE FAUT ABSOLUMENT.

 NI MIKAMI NI MOI N'AVOUERONS JAMAIS.

 TOUT CE QUE JE PEUX FAIRE POUR LE MOMENT, C'EST ÊTRE MIEUX PRÉPARÉ QU'EUX.

DE TOUTE FAÇON, IL VA COMMENCER PAR TAKADA... ET JE DEVRAI SANS DOUTE PRENDRE QUELQUES GROS RISQUES...

QUOI, TU SAIS MÊME ÇA...? C'EST VRAI, JE REÇOIS ENVIRON 2000 LETTRES PAR JOUR... ENFIN, C'EST CE QU'ON M'A DIT.

J'AI ENTENDU DIRE QUE TU RECEVAIS UNE QUANTITÉ ÉNORME DE LETTRES DE FANS TOUS LES JOURS.

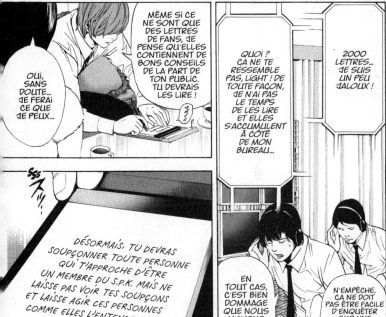

MÊME SI CE NE SONT QUE DES LETTRES DE FANS, JE PENSE QU'ELLES CONTIENNENT DE BONS CONSEILS DE LA PART DE TON PUBLIC. TU DEVRAIS LES LIRE !

OUI, SANS DOUTE... JE FERAI CE QUE JE PEUX...

QUOI ? ÇA NE TE RESSEMBLE PAS, LIGHT ! DE TOUTE FAÇON, JE N'AI PAS LE TEMPS DE LES LIRE ET ELLES S'ACCUMULENT À CÔTÉ DE MON BUREAU...

2000 LETTRES... JE SUIS UN PEU JALOUX !

SSS

DÉSORMAIS, TU DEVRAS SOUPÇONNER TOUTE PERSONNE QUI T'APPROCHE D'ÊTRE UN MEMBRE DU S.P.K. MAIS NE LAISSE PAS VOIR TES SOUPÇONS ET LAISSE AGIR CES PERSONNES COMME ELLES L'ENTENDENT.

EN TOUT CAS, C'EST BIEN DOMMAGE QUE NOUS N'AYONS QUE LE SON ET PAS L'IMAGE...

N'EMPÊCHE, ÇA NE DOIT PAS ÊTRE FACILE D'ENQUÊTER SUR UNE PERSONNE EN FAISANT SEMBLANT D'ÊTRE AMOUREUX D'ELLE...

ILS DOIVENT ÊTRE COURAGEUX POUR FAIRE DES PROPOSITIONS AU PORTE-PAROLE DE KIRA... NON, JE NE SUIS PAS JALOUX, JE VEUX SIMPLEMENT QUE TU SOIS TRÈS PRUDENTE. TU SAIS, UN MEMBRE DU S.P.K. POURRAIT SE TROUVER PARMI EUX...

NON SEULEMENT JE REÇOIS TOUT CE COURRIER, MAIS BEAUCOUP DE GENS PASSENT AUSSI PAR MON DIRECTEUR POUR ME FAIRE DES PROPOSI-TIONS...

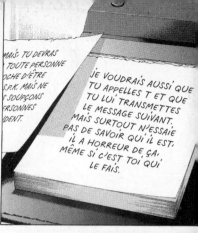

...MAIS, TU DEVRAS TOUTE PERSONNE ...OCHE D'ÊTRE ...S.P.K. MAIS NE ...S SOUPÇONS ...PERSONNES ...DENT.

JE VOUDRAIS AUSSI QUE TU APPELLES T ET QUE TU LUI TRANSMETTES LE MESSAGE SUIVANT. MAIS SURTOUT N'ESSAIE PAS DE SAVOIR QUI IL EST. IL A HORREUR DE ÇA, MÊME SI C'EST TOI QUI LE FAIS.

C'EST VRAI, JE DOIS FAIRE ATTENTION AU S.P.K...

...?

T VA T'ENVOYER UNE FAUSSE LETTRE D'ADMIRATEUR QUE TU RECONNAÎTRAS IMMÉDIATEMENT. À L'INTÉRIEUR, TU TROUVERAS CINQ FEUILLES DE PAPIER. JUSQU'À CE QUE TU LES REÇOIVES, IL CONTINUERA À RENDRE LA JUSTICE COMME IL L'A FAIT JUSQU'À PRÉSENT. MAIS DÈS QUE TU L'AVERTIRAS QUE TU AS REÇU SA LETTRE, IL DEVRA CESSER DE SE SERVIR DU VRAI CAHIER ET EN FABRIQUER UNE COPIE PARFAITE DONT IL FERA SEMBLANT DE SE SERVIR POUR TUER LES CRIMINELS. LES NOMS ET LES PHOTOS DES PERSONNES DEVANT ÊTRE JUGÉES SERONT PRÉSENTÉS SUR NHN COMME AVANT.

MAINTENANT QUE LE S.P.K. EST ENTRÉ EN ACTION, JE PENSE QUE POUR TA SÉCURITÉ IL FAUDRAIT QUE TU SACHES À QUI KIRA ENVOIE DES MAILS CHEZ NHN.

LIGHT ATTAQUE !

?

KIYOMI, JE VEUX QUE TU TE CALMES POUR QUE CEUX QUI NOUS ÉCOUTENT NE REMARQUENT PAS TON TROUBLE.

SI TU ÉCRIS DES NOMS DE PERSONNES SUR LES FEUILLES QUE T'ENVERRA, CES PERSONNES MOURRONT. C'EST ÇA, LE POUVOIR DE KIRA.

!?

SI TU ÉCRIS DES NOMS DE PERSONNES SUR LES FEUILLES QUE T'ENVERRA, CES PERSONNES MOURRONT. C'EST ÇA, LE POUVOIR DE KIRA.

FWAM

!!

KLANG

JE VEUX QUE TU ÉCRIVES SUR CE PAPIER LES NOMS DES PERSONNES PRÉSENTÉES PAR NHN AFIN DE CRÉER UN MONDE PARFAIT POUR KIRA. T'A MAINTENANT UNE AUTRE TÂCHE. IL FAUT QUE CE SOIT TOI QUI INSCRIVES LES NOMS.

N'AIE PAS PEUR, TOUT IRA BIEN.

BAM

UNE FOIS QUE CE SERA POSSIBLE, ON POURRA SANS DANGER ENVOYER À KIRA DES INFORMATIONS QUI NE PEUVENT PAS PASSER À LA TÉLÉ, AINSI, LE S.P.K. NE POURRA PAS LES INTERCEPTER.

...

JE TROUVERAI SANS DOUTE UN MOYEN D'ENVOYER UN MAIL À KIRA EN RÉPONDANT À L'UN DE SES MAILS.

OH... MAINTENANT QUE L'ENQUÊTE EST SUR LA BONNE VOIE, IL NE PERD PAS UN INSTANT !

TAKADA, JUSQU'À QUAND PEUX-TU RESTER À L'HÔTEL AUJOURD'HUI ?

BIEN... JE FERAI CE QUE TU ME DEMANDES...

LIGHT EST DOUÉ POUR CE GENRE DE CHOSES !

BRAVO !

QUEL DOMMAGE... MAIS JE SUPPOSE QU'IL N'Y A RIEN À FAIRE.

LIGHT, JE SUIS DÉSOLÉE, MAIS JE NE PEUX PAS RESTER LONGTEMPS AUJOURD'HUI...

MERDE !

...

DÉSOLÉ. RETOURNE VITE CHEZ TOI ET ENVOIE LE MESSAGE À T.

Bip Bip

Bip Bip Bip

KIYOMI TAKADA !

SCRITCH SCRITCH

SUP-PRES-SION.

SUP-PRES-SION.

VOUS ALLEZ M'ENVOYER UNE LETTRE DE FAN DE FAÇON À CE QUE JE COMPRENNE TOUT DE SUITE QU'ELLE VIENT DE VOUS. À L'INTÉRIEUR, IL Y AURA CINQ PAGES BLANCHES DU CAHIER.

VOICI LE MESSAGE.

OUI ?

NON, JE N'AI PAS À RÉFLÉCHIR. DIEU A TOUJOURS RAISON... JE DOIS FAIRE CE QU'IL ME DIT.

DIEU, QU'EST-CE QUE TU...?

SCRITCH SCRITCH

TRÈS BIEN.

Bip

DEATH NOTE
How to use it
LXI

- Even if a new victim's name, cause of death, or situation of death is written on top of the originally written name, cause of death or situation of death, there will be no effect on the original victim's death. The same thing will also apply to erasing what was written with a pencil, or whitening out what was written with a pen, in an attempt to rewrite it.

Même si l'on inscrit le nom d'une nouvelle victime, une nouvelle cause pour sa mort ou de nouvelles circonstances pour son décès, à la place d'un nom, d'une cause de mort ou des circonstances de décès inscrits préalablement, ceci sera sans effet sur la mort décrite initialement. Il en va de même si l'on gomme un texte écrit au crayon ou si l'on efface au correcteur liquide un texte écrit au stylo à bille en essayant de récrire dessus.

PAGE 91. ARRET

MADEMOISELLE TAKADA AUJOURD'HUI

QU'EST-CE QUE C'EST QUE CE PROGRAMME ?

C'EST UNE NOUVELLE ÉMISSION DE SAKURA TV, PARCE QUE LA CHAÎNE NE PEUT PLUS DIFFUSER "LE ROYAUME DE KIRA".

S'ILS NE PEUVENT PAS AVOIR KIRA, ILS PRENNENT SON PORTE-PAROLE... ILS SONT TOUJOURS AUSSI DÉPOURVUS DE PRINCIPES !

BAH, DE TOUTE FAÇON, CE N'EST PAS TRÈS INTÉRESSANT, CAR ILS NE PEUVENT PAS DIRE GRAND-CHOSE À PROPOS DE LA VIE DE TAKKI !

AUJOURD'HUI, MADEMOISELLE TAKADA A CHOISI QUATRE FEMMES GARDES DU CORPS ELLES PARMI LES VINGT FINALISTES AYANT SUBI DES EXAMENS TRÈS DURS...

CES QUATRE FEMMES AURÉOLÉES DE GLOIRE SONT...

HAL LIDNER, UN ANCIEN AGENT DE LA CIA.

Hal Lidner, ancien agent de la CIA

... TATSUMI ÔYAMA, CHAMPIONNE DE LA CATÉGORIE SOIXANTE KILOS AU VINGT-DEUXIÈME CHAMPIONNAT DE KARATÉ.

MAIS JE NE SUIS PAS OBLIGÉ DE PRÉVENIR LIGHT TOUT DE SUITE...

NEAR A DIT QUE NOUS POUVIONS PRÉVENIR L SI NOUS REMARQUIONS DES MEMBRES DU S.P.K...

CES QUATRE FEMMES ONT RÉUSSI TOUS LES TESTS ET...

HAL LIDNER ! UN MEMBRE DU S.P.K. QUI EST DEVENU GARDE DU CORPS DE TAKADA...!

S'IL Y A UN MEMBRE DU S.P.K. PARMI CES QUATRE FEMMES, C'EST HAL LIDNER.

C'EST VRAI QUE C'EST PAS TERRIBLE D'AVOIR UN GROUPE DE MALABARS ALIGNÉS À LA SORTIE DES TOILETTES POUR DAMES !

BIEN SÛR, NEAR N'A PAS DÛ DIRE À LIDNER OÙ IL SE TROUVAIT MAINTENANT, AU CAS OÙ JE ME SERVIRAIS DU CAHIER POUR LA CONTRÔLER.

NEAR N'ESSAIE PAS DE LA CACHER, EN FAIT, IL S'ARRANGE POUR QUE JE LA REMARQUE.

MÊME SI ELLE ESSAIE DE FAIRE QUELQUE CHOSE À TAKADA, IL Y A LES AUTRES GARDES DU CORPS, ET SI JAMAIS LIDNER A UN COMPORTEMENT SUSPECT, JE POURRAI RÉVÉLER SON NOM À LA TÉLÉVISION, AINSI, PERSONNE NE TROUVERA BIZARRE QUE KIRA LA TUE.

MAIS J'AI DÉJÀ DIT À TAKADA DE SOUPÇONNER TOUTES LES PERSONNES QUI L'APPROCHENT DE FAIRE PARTIE DU S.P.K.

NEAR LE SAIT BIEN, ET IL VA SE SERVIR DE LIDNER POUR ENQUÊTER SUR TAKADA...

DE PLUS, ELLE EST DEVENUE GARDE DU CORPS DE TAKADA EN SE FAISANT PASSER POUR UNE ADORATRICE DE KIRA. SI JE LA TUE, NEAR, AIZAWA ET LES AUTRES SAURONT QUE JE SUIS KIRA.

JE DOIS ME CONCENTRER SUR CE QUE JE DOIS FAIRE...

SI NEAR ME DIT QUELQUE CHOSE, JE ME COMPORTERAI COMME SI J'AVAIS QUELQUES DOUTES À L'ÉGARD DE LIDNER.

ENFIN, IL PARAÎTRAIT BIZARRE QUE NOTRE ÉQUIPE GÊNE LE TRAVAIL DES GENS DU S.P.K. DE TOUTE FAÇON, JE PEUX LA LAISSER FAIRE, CAR ELLE NE TROUVERA PAS FACILEMENT D'ÉLÉMENTS COMPROMETTANTS.

OUI... JE SUIS TRÈS RECONNAISSANT À LIDNER D'AVOIR FAIT PASSER L'ENQUÊTE AVANT SA SÉCURITÉ.

TAKADA A EU BESOIN DE FEMMES GARDES DU CORPS, DONT ELLE NE DISPOSAIT PAS JUSQU'À PRÉSENT. COMME HAL ÉTAIT UN ANCIEN AGENT DE LA CIA, IL ÉTAIT FACILE POUR ELLE DE SE FAIRE ENGAGER... MAIS KIRA LA REMARQUERA FACILEMENT...

TOUT SE DÉROULE COMME VOUS L'AVIEZ DIT, NEAR.

AU FAIT, COMMANDANT RESTER, AVEZ-VOUS TROUVÉ UNE RÉPONSE À LA QUESTION QUE JE VOUS AVAIS POSÉE ?

QUI JE CHOISIRAIS COMME PORTE-PAROLE APRÈS DEMEGAWA SI J'ÉTAIS KIRA ?

us somm
rvenus à
nclusion q
Le débat
eut encor

s forces s
ésence s
ticulièren
rmi elles,
trouve l

OUI.

13

!...

ENFIN, JE VOULAIS JUSTE SAVOIR CE QUE VOUS PENSIEZ À TITRE DE RENSEIGNEMENT.

epuis cet
réunion
houleuse
lors de
aquelle le
Il a été
cessivem
ait état d

JE SUIS DÉSOLÉ, MAIS JE NE PEUX PAS REGARDER ET ÉCOUTER PLUSIEURS PROGRAMMES SIMULTANÉMENT COMME VOUS, NEAR. EN CINQ JOURS, C'EST IMPOSSIBLE. J'AI ENCORE BESOIN D'UN PEU DE TEMPS...

WS 11

VOUS NE DEVEZ PAS TROP RÉFLÉCHIR, VOUS POUVEZ ME DIRE CE QUI VOUS VIENT DIRECTEMENT À L'ESPRIT.

AH BON... GEVANNI A DIT LA MÊME CHOSE.

encore,
à ce jour,
il n'est
toujours
pas clair
30 % de la
population
active
continue

BIEN...

WORLDNEWS

53

MAIS POURQUOI JE NE SUIS PAS LA DERNIÈRE CHANTEUSE ? TOUT LE MONDE DISAIT POURTANT QUE J'ÉTAIS UNE INVITÉE DE MARQUE DU SPECTACLE !

MAIS VOUS ÊTES UNE INVITÉE IMPORTANTE ! MAIS CE SONT TOUJOURS LES GRANDS NOMS DE LA CHANSON QUI CLÔTURENT LE CONCERT...

KIYOMI TAKADA...

!

WAH !

QUELLE IDIOTE ! ELLE N'A PAS COMPRIS QUE LIGHT SE SERVAIT D'ELLE POUR SON ENQU...

IL NE FAUT PAS DIRE ÇA ! SI ON VOUS ENTEND, VOUS VOUS FEREZ TUER...!

JE LE SAIS BIEN, C'EST POUR ÇA QUE J'AI PARLÉ À VOIX BASSE.

RAAH... ELLE A RICANÉ !

PFF...

ET VOUS, ALORS ...?

AÏE...!

QU'EST-CE QUE VOUS ESSAYEZ DE FAIRE ?

BIEN, MADE-MOISELLE TAKADA. JE SUIS DÉSOLÉE.

LIDNER, C'EST UNE GRANDE AMIE À MOI. ELLE EST JUSTE VENUE ME DIRE BONJOUR, DONC NE LA BRUTALISEZ PAS !

GRAAH!

キィーッ

JE RÂLE À FOND !!

D'ACCORD, MAIS FAITES MOINS DE BRUIT ...!

C'EST PEUT-ÊTRE ELLE QUI CLÔTURE LE SPECTACLE, EN PLUS...!

じた

じた

TAP

TAP

カッ

カッ

TAP

TAP

MOI AUSSI, J'AI DU MAL À ME DÉCIDER, MAIS JE N'AURAIS JAMAIS CHOISI TAKADA, QUI N'EST ENCORE QU'UNE NOUVELLE PRÉSENTATRICE.

NEAR, DU MOMENT QUE CE N'EST PAS QUELQU'UN D'EXCESSIF COMME DEMEGAWA, POUR MOI, ILS ME SEMBLENT TOUS POUVOIR ÊTRE LES PORTE-PAROLE DE KIRA...

BIEN SÛR, IL Y A SÛREMENT DES PRÉSENTATEURS QUI ONT PLUS D'EXPÉRIENCE DANS LE MÉTIER ET QUI EN IMPOSENT DAVANTAGE...

CLASSEMENT DES PRÉSENTATRICES

EFFECTIVEMENT... MAIS APPAREMMENT, ELLE A DU SUCCÈS, CAR ELLE A OBTENU LA DEUXIÈME PLACE DANS LE SONDAGE D'UN MAGAZINE... LA PREMIÈRE PLACE ÉTANT ATTRIBUÉE À MIHO SATO, UNE AUTRE PRÉSENTATRICE DE NHN.

PRÉSENT

PEUT-ÊTRE TOUT SIMPLEMENT PARCE QU'ELLE EST LE GENRE DE FEMME QUE KIRA APPRÉCIE...

ALORS POURQUOI TAKADA A-T-ELLE ÉTÉ CHOISIE ?

MAIS JE PENSE QUE...

SI DEMEGAWA A D'ABORD ÉTÉ CHOISI, C'EST PARCE QU'IL A SOUTENU KIRA AVEC FERVEUR DÈS LE DÉBUT, EN ALLANT JUSQU'À MANIPULER SA CHAÎNE, ALORS QUE LE MONDE NE S'ÉTAIT PAS ENCORE RANGÉ DU CÔTÉ DE KIRA.

VOILÀ.

... C'EST PARCE QUE TAKADA EST UNE ADORATRICE DE KIRA ET QUE CELUI-CI LE SAVAIT.

BIEN SÛR, IL ÉTAIT FACILE POUR KIRA DE MENACER QUELQU'UN AFIN QU'IL DEVIENNE SON PORTE-PAROLE. MAIS IL VALAIT BIEN MIEUX POUR KIRA QUE SON PORTE-PAROLE SOIT DANS SON CAMP.

BIP BIP

VOICI CE QU'A DÉCLARÉ TAKADA AUX NOUVELLES D'HIER SOIR.

DANS LE CAS DE TAKADA, JE SUIS SÛR QU'ELLE A ÉTÉ CHOISIE PARCE QU'ELLE ÉTAIT UNE ADORATRICE DE KIRA.

NEWS 9

JE PENSE QU'IL EST IMPORTANT QUE, DANS LE CADRE DE LA SCOLARITÉ OBLIGATOIRE, LES ÉCOLES ASSURENT UNE ÉDUCATION SOLIDE GRÂCE À LAQUELLE LES ENFANTS DÉCOUVRIRONT KIRA ET SES ENSEIGNEMENTS...

ALORS, EN ADMETTANT QUE LIGHT YAGAMI SOIT KIRA, L'A-T-IL CHOISIE PARCE QU'IL ÉTAIT INTIME AVEC ELLE QUAND IL ÉTAIT À L'UNIVERSITÉ ET QU'IL SAVAIT CE QU'ELLE PENSAIT DE KIRA ?

MAIS IL EST CERTAIN QUE CE QUE DIT TAKADA A UNE INFLUENCE SUR LE PUBLIC, QUI EST COMPOSÉ EN MAJORITÉ DE GENS STUPIDES... POUR KIRA, C'EST TRÈS BIEN AINSI.

DEPUIS QUE TAKADA S'EST MISE À EXPRIMER SON OPINION, ELLE N'EST PLUS QU'UNE STUPIDE ADORATRICE DE KIRA COMME LES AUTRES.

JE SUIS SÛR QUE MONSIEUR AIZAWA ET LES AUTRES POURRONT ME CONFIRMER QUE C'EST BIEN LIGHT YAGAMI QUE TAKADA RENCONTRE.

L/LIGHT YAGAMI AFFIRME QU'IL VOIT TAKADA EN SECRET AFIN D'ENQUÊTER SUR KIRA.

SA RENCONTRE À L'HÔTEL, C'EST ÇA ?

NON. TAKADA A COMMENCÉ À PARLER EN FAVEUR DE KIRA À LA TÉLÉVISION LE LENDEMAIN DU SOIR DE SA RENCONTRE SECRÈTE.

MAIS TAKADA A COMMENCÉ À FAIRE DES COMMENTAIRES EN FAVEUR DE KIRA SEULEMENT LE JOUR QUI A SUIVI LEUR RENCONTRE. DE PLUS, ELLE S'EST ADRESSÉE DIRECTEMENT À KIRA, CE QUI ME FAIT PENSER QUE C'EST L-KIRA QUI L'A POUSSÉE À LE FAIRE, PARCE QU'À CE MOMENT, IL N'ÉTAIT PAS ENCORE ENTRÉ EN CONTACT AVEC X-KIRA.

DONC, SI L-KIRA/LIGHT YAGAMI AVAIT CHOISI TAKADA, IL LUI AURAIT ÉTÉ POSSIBLE DE POUSSER TAKADA À PARLER EN FAVEUR DE KIRA À PARTIR DU MOMENT OÙ ELLE EST DEVENUE SON PORTE-PAROLE.

PAR CONSÉQUENT, C'EST X-KIRA QUI, DE SA PROPRE INITIATIVE, A CHOISI TAKADA COMME PORTE-PAROLE.

L-KIRA N'ÉTAIT ENTRÉ EN CONTACT NI AVEC X-KIRA NI AVEC TAKADA AVANT L'ENTREVUE SECRÈTE... JE PENSE QUE C'EST PARCE QUE MONSIEUR AIZAWA ET LES AUTRES AVAIENT DES DOUTES À SON SUJET ET QU'ILS LE SURVEILLAIENT.

CE N'EST PAS ENTIÈREMENT IMPOSSIBLE, MAIS IL S'EST PASSÉ UNE SEMAINE ENTRE LA MORT DE DEMEGAWA ET LE CHOIX DE TAKADA COMME NOUVEAU PORTE-PAROLE. MÊME SI L-KIRA AVAIT ORDONNÉ À X-KIRA D'UTILISER TAKADA QUAND DEMEGAWA SERAIT MORT, LUI DEMANDER D'ATTENDRE UNE SEMAINE POUR LE FAIRE AURAIT ÉTÉ ABSURDE ET BIZARRE.

MAIS EST-IL POSSIBLE QUE L-KIRA AIT ORDONNÉ À X-KIRA DE TUER DEMEGAWA ET QU'IL AIT CHOISI TAKADA COMME NOUVEAU PORTE-PAROLE, CECI BIEN AVANT QU'AIZAWA ET LES AUTRES NE LE SURVEILLENT ?

EN EFFET.

L'HYPOTHÈSE LA PLUS PLAUSIBLE EST QUE X-KIRA, INCAPABLE D'ENTRER EN CONTACT AVEC L-KIRA, A, DE SA PROPRE INITIATIVE, TUÉ DEMEGAWA AFIN DE METTRE UN TERME À SES EXTRAVAGANCES, ET QU'IL A RÉFLÉCHI UNE SEMAINE AVANT DE CHOISIR LE NOUVEAU PORTE-PAROLE.

TRÈS BIEN.

OUI.

JE SAIS QU'IL EST DANGEREUX D'ENQUÊTER SUR TAKADA ET SON ENTOURAGE EN CE MOMENT, MAIS POURRIEZ-VOUS OBTENIR DES INFORMATIONS À SON SUJET, VOUS ET GEVANNI ?

OUI.

ALORS, NOUS POUVONS RECHERCHER X-KIRA EN CONSIDÉRANT QUE C'EST UN PROCHE DE TAKADA, VOIRE UN INTIME, QUI SAVAIT QUE CELLE-CI ÉTAIT UNE ADORATRICE DE KIRA.

JE VAIS COMMENCER PAR EXAMINER TOUS LES PROGRAMMES DANS LESQUELS TAKADA EST APPARUE EN PARTANT DES PLUS RÉCENTS.

WORLD FLASH NEWS

l'affaire
meur
efectu
e polic

prop
prol
pons
Prem

rigea
e chac
pays
harqu

nanci
dans
rouge
erne

ourpan
nt repris
près une
te ruptu
devien

TERU MIKAMI
PROCUREUR

AT SUR LE 21ᵉ SIÈCLE :
CONSTRUIRE LE JAPON

CE
GARÇON...

Bip

C'EST LE GARÇON QUE J'AVAIS REMARQUÉ DANS "LE ROYAUME DE KIRA" ET QUI ÉTAIT UN ADEPTE INCONDITIONNEL DE LA PENSÉE DE KIRA...

C'EST BIEN CE QUE JE PENSAIS...

TOUS LES JEUNES QUI VONT FAIRE LEUR ENTRÉE DANS LA SOCIÉTÉ DEVRAIENT AVOIR DES OBJECTIFS ET SE SERVIR AU MAXIMUM DE LEURS CAPACITÉS POUR APPORTER LEUR CONTRIBUTION À LA SOCIÉTÉ...

DÉBAT SUR LE 21e SIÈCLE : RECONSTRUIRE LE JAPON

SI JE SUIS DEVENU PROCUREUR, C'EST À CAUSE DE L'INDIGNATION ET DU SENTIMENT D'INJUSTICE QUE J'AI ÉPROUVÉS DÈS L'ENFANCE EN ÉTANT CONFRONTÉ À LA VIOLENCE PHYSIQUE ET VERBALE QUE JE VOYAIS TOUT AUTOUR DE MOI.

ET PUIS SURTOUT, CE QU'IL A DIT DANS "LE ROYAUME DE KIRA"...

Bip

ET PUIS, SA FAÇON DE PARLER... ELLE RESSEMBLE ÉNORMÉMENT AU MESSAGE DE KIRA QUI DISAIT QU'IL NE TOLÉRERAIT PAS CEUX QUI SONT POURVUS DE FACULTÉS QU'ILS N'UTILISENT PAS AU PROFIT DE LA SOCIÉTÉ.

J'AI PU M'ASSURER DE LA PRÉSENCE DE MIKAMI DANS DEUX ÉMISSIONS PARMI TOUTES CELLES AUXQUELLES A PARTICIPÉ TAKADA. DEUX... C'ÉTAIT SANS DOUTE SUFFISANT POUR QU'ILS DEVIENNENT AMIS...

JE SUIS CONVAINCU QUE LA FAÇON LA PLUS RAPIDE D'OBTENIR LA PAIX DANS LE MONDE EST D'APPLIQUER VOS ENSEIGNEMENTS ET VOTRE PENSÉE. JE VOUS EN SUPPLIE, FAITES-NOUS ENTENDRE VOTRE VOIX.

KIRA, JE SOUHAITE ARDEMMENT ENTENDRE DE NOUVEAU VOTRE VOIX ET CONNAÎTRE VOTRE PAROLE. JE SOUHAITE ÉGALEMENT SUIVRE VOTRE PAROLE ET RESPECTER VOS IDÉAUX.

TERU MIKAMI...

... JE PENSE QU'IL EST NÉCESSAIRE QUE NOUS SOYONS CAPABLES D'ESTIMER CE QUE KIRA PENSE ET D'AGIR EN CONSÉQUENCE.

SI KIRA NE NOUS TRANSMET NI SA PAROLE NI SA VOLONTÉ...

BIEN SÛR, L... ENFIN, L-KIRA SE DOUTAIT QUE L/LIGHT YAGAMI ET MISA SERAIENT DE NOUVEAU SOUPÇONNÉS ET PLACÉS SOUS SURVEILLANCE. SI YAGAMI AVAIT JUSQU'ALORS CHARGÉ AMANE DE COMMETTRE TOUS LES MEURTRES GRÂCE À SON "ŒIL", IL A DÛ PANIQUER ET IL A DONNÉ LE CAHIER À UN ADORATEUR, TERU MIKAMI, QU'IL AVAIT REMARQUÉ DANS "LE ROYAUME DE KIRA".

DEMEGAWA EST MORT QUATRE JOURS AVANT CETTE DÉCLARATION, ET QUATRE JOURS APRÈS, TAKADA A ÉTÉ CHOISIE COMME NOUVEAU PORTE-PAROLE. ÇA S'EST PASSÉ APRÈS QUE J'AI DIT À L QUE LA RÈGLE DES TREIZE JOURS ÉTAIT FAUSSE, APRÈS QUE MOGI EST VENU ME TROUVER EN SUIVANT LES ORDRES DE MELLO ET APRÈS QU'AIZAWA EST VENU CHEZ MOI DE SA PROPRE INITIATIVE...

MAIS COMME KIRA NE LUI DONNAIT TOUJOURS PAS D'ORDRES, MIKAMI S'EST SERVI DU "ROYAUME DE KIRA" POUR S'ADRESSER À LUI, ET QUATRE JOURS PLUS TARD, IL A CHOISI COMME NOUVEAU PORTE-PAROLE KIYOMI TAKADA, DONT IL SAVAIT QU'ELLE ÉTAIT UNE ADORATRICE DE KIRA.

COMME AIZAWA ET LES AUTRES SURVEILLENT L-KIRA, CELUI-CI N'A PAS PU CONTACTER DIRECTEMENT MIKAMI. PAR CONSÉQUENT, C'EST MIKAMI QUI A DÉCIDÉ DE TUER DEMEGAWA POUR METTRE UN TERME À SES DÉBORDEMENTS INCONTRÔLABLES...

TOUT SEMBLE CONCORDER... L-KIRA... LIGHT YAGAMI... X-KIRA... TERU MIKAMI...

...

COMME L-KIRA/YAGAMI ÉTAIT PROCHE DE TAKADA À L'UNIVERSITÉ, IL LUI A ÉTÉ POSSIBLE DE LA RENCONTRER ET D'ENTRER EN CONTACT AVEC X-KIRA...

LE CHOIX DE TAKADA ÉTAIT UNE COÏNCIDENCE. EN FIN DE COMPTE, X-KIRA A RÉALISÉ UN EXPLOIT.

QUOI... VOUS AVEZ DÉJÀ TROUVÉ UN SUSPECT POUR X-KIRA ?

OUI. J'AI UN DON POUR L'OBSERVATION.

CESSEZ VOS INVESTIGATIONS SUR TAKADA ET SON ENTOURAGE ET REVENEZ. UN SUSPECT VIENT DE SE PROFILER. JE VOUS DEMANDERAI DE REPRENDRE VOTRE RECHERCHE SI JE ME SUIS TROMPÉ.

Bip Bip Bip

DEATH NOTE
How to use it
LXII

○ Once the victim's name, cause of death and situation of death have been written down in the DEATH NOTE, this death will still take place even if that DEATH NOTE or the part of the Note in which it has been written is destroyed, for example, burned into ashes, before the stated time of death.

Une fois que le nom d'une victime, la cause de sa mort et les circonstances du décès sont inscrits dans un death note, la mort se produira même si ce cahier, ou la partie de ce cahier qui contient ces informations, est détruit par exemple par le feu, avant le moment prévu pour la mort.

○ If the victim's name has been written and then the DEATH NOTE is destroyed in the middle of writing the cause of death, the victim will be killed by heart attack in 40 seconds after writing the name.

Si le nom d'une victime a été inscrit et si le death note est détruit, par exemple par le feu, alors que l'on est en train d'écrire la cause de la mort, la victime mourra d'une crise cardiaque 40 secondes après l'inscription de son nom.

○ If the victim's name and cause of death have been written and the DEATH NOTE is destroyed, like burned, in the middle of writing the situation of death, then the victim will be killed within 6 minutes and 40 seconds via the stated cause of death if the cause is possible within that period of time, but otherwise, the victim will die by heart attack.

Si le nom de la victime et la cause de sa mort ont été inscrits et si le death note est détruit, par exemple par le feu, alors que l'on est en train d'écrire les circonstances de la mort, la victime mourra dans les 6 minutes 40 secondes suivant l'inscription de la cause de la mort si cette cause peut survenir pendant ce laps de temps, autrement, la victime mourra d'une crise cardiaque.

PAGE 92. NUIT

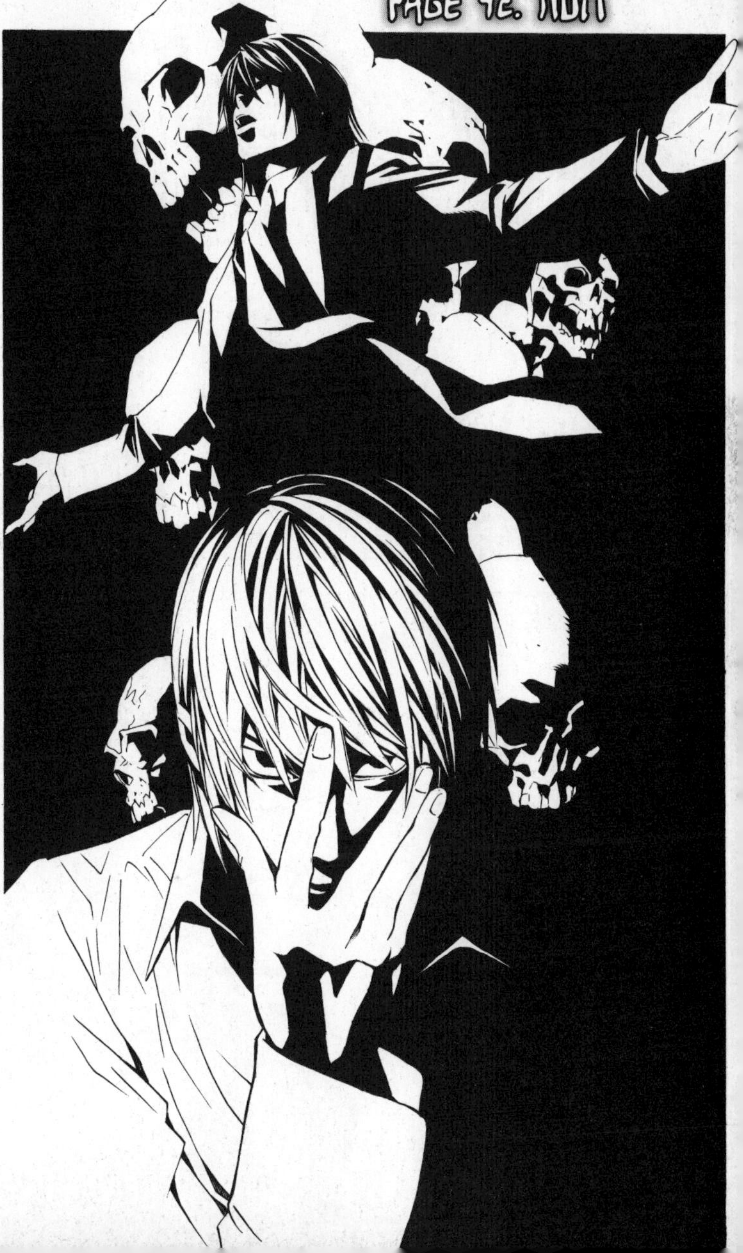

SCOOP ! SA POPULARITÉ MONTE EN FLÈCHE !

LES DIFFÉRENTS VISAGES DE HAL LIDNER, LE PREMIER GARD DU COR... FÉMININ !

TAKKI A TOUJOURS AUTANT DE SUCCÈS, MAIS HAL LIDNER, QUI EST CELLE QUI LA CÔTOIE DE TRÈS PRÈS, EST ÉGALEMENT TRÈS POPULAIRE.

EH BIEN... IL Y A UNE SEMAINE QU'ELLE EST DEVENUE LE PREMIER GARDE DU CORPS FÉMININ, ET COMME ELLE EST BELLE... ÇA SE COMPREND...

SI LIGHT ÉTAIT KIRA, IL N'AURAIT PAS DIT ÇA... ENFIN, SI JAMAIS LIDNER MOURAIT, LIGHT POURRAIT PRÉTENDRE QUE KIRA L'A TUÉE...

ALORS, LIGHT A DEVINÉ QUE LIDNER FAISAIT PARTIE DU S.P.K... JE N'AI MÊME PAS DÛ LE LUI DIRE...

MAIS ÇA REVIENT PRESQUE À DIRE QUE LIDNER APPARTIENT AU S.P.K... ELLE RISQUE D'ÊTRE SOUPÇONNÉE PAR KIRA...

QUOI ? ELLE APPARTIENDRAIT AU S.P.K. ?

KATCHAK

KATCHAK

KATCHAK

... MAIS JE N'ARRIVE PAS À TROUVER D'OÙ ILS SONT ENVOYÉS.

GRÂCE À TAKADA, J'AI DÉCOUVERT QUE LES MAILS DE KIRA ARRIVAIENT CHEZ LE DIRECTEUR DE NHN...

MERDE... ÇA NE MARCHE PAS !

QU'EST-CE QU'IL Y A, LIGHT ?

J'AI DÉJÀ IMAGINÉ UN AUTRE PLAN.

MAIS SI TU N'ARRIVES PAS À TROUVER L'ORIGINE DES MESSAGES, NOUS ALLONS DEVOIR ENVISAGER UN AUTRE PLAN...

ENFIN, IL S'AGIT DE KIRA, QUI NOUS ÉCHAPPE DEPUIS LE DÉBUT... IL EST NORMAL QUE CE NE SOIT PAS FACILE...

ALORS, SI MÊME TOI, TU N'ARRIVES PAS À LE TROUVER...

JE LA VERRAI DE NOUVEAU DEMAIN SOIR ET JE LUI EN PARLERAI.

DANS CE BUT, JE M'ARRANGERAI POUR QUE TAKADA DISE À CHACUNE DE SES INTERVENTIONS QUELQUE CHOSE QUI POUSSERA KIRA À LUI RÉPONDRE.

CELA NE S'EST PRODUIT QU'UNE FOIS, MAIS KIRA A APPELÉ TAKADA PERSONNELLEMENT. SI ON RÉUSSISSAIT À FAIRE EN SORTE QUE KIRA APPELLE DIRECTEMENT TAKADA, ON POURRAIT REMONTER JUSQU'À LUI...

JE VOIS.

D'APRÈS LIDNER, MONSIEUR MOGI SE FAIT PASSER POUR LE MANAGER D'AMANE, CE QUI SIGNIFIE QU'IL SE TROUVE SOUVENT LOIN DE SON Q.G.

C'EST VRAI.

MAIS MONSIEUR MOGI NE DIRA SÛREMENT RIEN...

LIDNER POURRAIT DEMANDER À MOGI S'ILS OBSERVENT ATTENTIVEMENT L ET TAKADA QUAND CEUX-CI SE VOIENT. AINSI, L NE SE RENDRA PAS COMPTE QUE NOUS ENQUÊTONS SUR LUI.

BIP BIP

ET PUIS, IL EST PLUS QUE PROBABLE QUE L-KIRA ET X-KIRA SOIENT EN CONTACT GRÂCE À TAKADA, ET LE BUREAU D'ENQUÊTE SAIT QUE NOUS LE SAVONS. C'EST POURQUOI NOUS NE DEVONS PAS AGIR EN NOUS DISSIMULANT.

!

NEAR !

NEAR, ICI, AIZAWA. QU'Y A-T-IL ?

...

!...

L, SI MONSIEUR AIZAWA SE TROUVE AVEC VOUS, PUIS-JE LUI PARLER DIRECTEMENT ?

NON, MAINTENANT NOUS N'UTILISONS PLUS QU'UN MICRO...

D'ACCORD. "MAINTENANT, PLUS QU'UN MICRO", N'EST-CE PAS ? JE VOUS REMERCIE.

...

QUAND L RENCONTRE TAKADA, ENREGISTREZ-VOUS TOUS LES DÉTAILS DE LEUR ENTRETIEN AVEC DES CAMÉRAS ET DES MICROS ?

TCHIK

C'ÉTAIT INTELLIGENT DE FAIRE DE LIDNER UN GARDE DU CORPS DE TAKADA, ET C'EST SANS DOUTE AINSI QU'IL COMPTE TROUVER DES INFORMATIONS, MAIS TAKADA NE DIRA RIEN...

PUISQUE NEAR PENSE QUE JE SUIS KIRA, IL EST NORMAL QU'IL IMAGINE QUE JE DONNE MES ORDRES À CELUI QUI REND LA JUSTICE EN PASSANT PAR TAKADA...

~

ALORS, NEAR PENSE TOUJOURS QUE LIGHT EST KIRA...

CELUI-LÀ...!

LIDNER AGIT EN ÉTANT CONSCIENTE DU DANGER. MAIS CE QUI EST IMPORTANT...

COMME LES TÉLÉPHONES PORTABLES DE TOUS LES GARDES DU CORPS DE TAKADA SONT CONTRÔLÉS, NOUS NE POUVONS PAS APPELER LIDNER. EST-CE QUE ÇA IRA ?

S'IL N'Y A QU'UN MICRO, L-KIRA ET X-KIRA SONT SANS DOUTE EN CONTACT GRÂCE À TAKADA, EN EFFET. MAIS DANS CE CAS, LA SITUATION EST ENCORE PLUS DANGEREUSE POUR LIDNER.

TANDIS QUE NOUS ATTIRERONS L'ATTENTION DE L ET DE SES HOMMES SUR LIDNER ET TAKADA, NOUS ALLONS ENQUÊTER SUR MIKAMI.

... C'EST DE FAIRE CROIRE QUE LIDNER ESSAIE DE TROUVER QUI EST X-KIRA EN ENQUÊTANT SUR TAKADA ET QUE NOUS N'AVONS AUCUNE IDÉE DE L'IDENTITÉ DE X-KIRA.

IL S'AGIT DE MIKAMI...

QU'EST-CE QUE ÇA DONNE, GEVANNI ?

Bip
Bip
Bip

COMME JE L'AI VU DANS "LE ROYAUME DE KIRA", JE SAIS QU'IL EST UN ADORATEUR DE KIRA, MAIS IL NE ME DONNE VRAIMENT PAS L'IMPRESSION D'ÊTRE X-KIRA...

IL S'ACQUITTE DE SON TRAVAIL DE PROCUREUR AVEC ZÈLE...

IL EST PRESQUE TROP FACILE DE LE PRENDRE EN FILATURE... IL NE SE CACHE PAS ET IL VIT DANS LE MÊME APPARTEMENT DEPUIS QUATRE ANS... IL MÈNE UNE VIE NORMALE.

SOYEZ TRÈS PRUDENT ET CONTENTEZ-VOUS DE LE SURVEILLER SANS ESSAYER DE VOUS INTRODUIRE CHEZ LUI OU QUOI QUE CE SOIT DE CE GENRE.

BIEN.

MAIS LA PROBABILITÉ QU'IL SOIT X-KIRA EST TRÈS ÉLEVÉE.

AH BON...?

EN PLUS, IL N'Y A QU'À MOI QU'ON DIT DE SURVEILLER MON COMPORTEMENT ET MES PAROLES !

AAH... JE TE JURE ! À COMBIEN DE RÉPÉTITIONS DEVRAI-JE ENCORE PARTICIPER POUR NHN ?

MISAMISA ! KIYOMI TAKADA VOUS PROPOSE DE DÎNER AVEC ELLE "ENTRE FEMMES"...

EUH !?

NON, PAS DU TOUT... MAIS... JE DOIS LE LUI DEMANDER...

OUI... OUI...

BIP BIP BIP

QU'EST-CE QUE TAKADA A EN TÊTE ? DU POINT DE VUE DE L'ENQUÊTE, C'EST UNE OCCASION RÊVÉE, MAIS PUIS-JE LAISSER AMANE LA RENCONTRER SEULE ?

C'EST PEUT-ÊTRE DANGEREUX, MAIS JE NE PEUX PAS REFUSER LA PROPOSITION DE TAKADA...

CETTE PESTE DE KIYOMI... QU'EST-CE QU'ELLE ME VEUT...?

76

EH BIEN, JE ME RÉJOUIS À L'IDÉE DE CE DÎNER !

MADE-MOISELLE TAKADA, ELLE DIT QU'ELLE EST RAVIE.

DIS-LUI QUE C'EST D'ACCORD.

POURQUOI PAS ? LA PRÉSENTATRICE DU PROGRAMME DE FIN D'ANNÉE ET LA CHANTEUSE PRINCIPALE PEUVENT BIEN DÎNER ENSEMBLE, NON ?

BIEN.

BIEN SÛR ! C'EST AVEC MADEMOISELLE AMANE QUE JE VAIS DÎNER. JE SOUHAITE VOTRE PRÉSENCE.

!

MOI AUSSI...?

LIDNER... TROUVEZ-MOI UNE SALLE PRIVÉE... ET J'AIMERAIS QUE VOUS SOYEZ PRÉSENTE, VOUS AUSSI.

ET KIYOMI TAKADA... QUE L'ON SOUPÇONNE D'ÊTRE EN CONTACT AVEC KIRA ET QUE LIGHT YAGAMI VOIT EN SECRET... ELLES VONT SE RENCONTRER ET JE DOIS ÊTRE PRÉSENTE ! POURQUOI...? EN TOUT CAS, JE NE PEUX PAS REFUSER ; JE DOIS Y ALLER.

MISA AMANE... NEAR PENSAIT QU'ELLE ÉTAIT CERTAINEMENT LE DEUXIÈME KIRA... ELLE EST LA FIANCÉE DE LIGHT YAGAMI...

MADEMOISELLE AMANE, EXCUSEZ-MOI DE VOUS AVOIR FAIT VENIR SI TARD ! MAIS JE NE POUVAIS VOUS VOIR QU'APRÈS LA FIN DE "NEWS 9".

CE N'EST RIEN, JE SUIS UNE COUCHE-TARD !

VOTRE AMI SEMBLE TRÈS OCCUPÉ... EST-CE QUE VOUS RÉUSSISSEZ À LE VOIR ?

...

EH BIEN, C'EST UN PEU DIFFICILE À DIRE COMME ÇA...

ALORS ? QUOI ?

BLOUB BLOUB

SI JE RÉUSSIS À LE VOIR ? MALGRÉ LES APPARENCES, C'EST UN GRAND CÂLIN ! QUAND IL RENTRE CHEZ MOI TOUS LES SOIRS, IL NE ME LÂCHE PLUS ! JE VOUS DIS PAS !

QUELLE SALOPE...

GLOUB GLOUB

LA GARCE... ELLE SAIT QUE JE NE VOIS PAS LIGHT ALORS QU'ELLE, SI !

!

AU COURS DU SPECTACLE DE FIN D'ANNÉE...

AU FAIT, JE VOUS LE DIS DÉJÀ PUISQUE C'EST VOUS QUI PRÉSENTEREZ LE SPECTACLE...

?

...

AH... TOUT SE PASSE BIEN ALORS... TANT MIEUX...

... J'ANNONCERAI MES FIANÇAILLES AVEC LUI !

LE SAIT-IL ?

KLANG

SI JE L'ANNONCE AU COURS DE L'ÉMISSION, ÇA LA PIMENTERA, N'EST-CE PAS, MADAME LA PRÉSENTATRICE ?

ÉVIDEMMENT ! JE NE ME FIANCE QUAND MÊME PAS TOUTE SEULE ! IL Y A PLUS D'UN MOIS QUE NOUS AVONS PRIS CET ENGAGEMENT.

SI JE
POURRAI
LE FAIRE ?
VOUS
VOULEZ
M'EN
EMPÊCHER
EN FAISANT
VALOIR
VOS
PRÉRO-
GATIVES
DE PRÉSEN-
TATRICE ?

EH BIEN...
J'ESPÈRE
QUE VOUS
POURREZ
LE FAIRE.

! ...

VOUS N'Y
PENSEZ
PAS !

VOUS NE
COMPTEZ
TOUT DE
MÊME PAS
ME FAIRE
TUER PAR
KIRA... ?

OU
ALORS...

ENFIN, PEU
IMPORTE...
MOI AUSSI,
J'AIMAIS KIRA
À UNE ÉPOQUE,
MAIS IL SE FERA
SÛREMENT
ATTRAPER
UN JOUR...

JE N'AI
RIEN À VOIR
AVEC CELA ET
JE SUIS TRISTE
QUE VOUS
ME DISIEZ DES
CHOSES PAREILLES
ALORS QUE JE
VOUS CONSIDÈRE
COMME MON
AMIE... DE TOUTE
FAÇON, JE NE
TUERAI JAMAIS
QUI CE
SOIT, MÊME
UN MONSTRE
DE CRUAUTÉ.

KIRA
DÉCIDE LUI-
MÊME
DES
PERSONNES
QU'IL
PUNIT.

ET S'IL
SE FAIT
ATTRAPER,
VOUS NE
VOUS EN
TIREREZ
PAS COMME
ÇA...

POUR
VOUS
AUSSI,
J'EN SUIS
SÛRE...

...

... CE SERA LA PEINE DE MORT !

OUI ?

MADE-MOISELLE AMANE...

TAK

JE VOUS RETOURNE LE COMPLIMENT !

VOUS ÊTES TRÈS DÉPLAISANTE.

ET PUIS, SI VOUS QUITTEZ LA TABLE POUR SI PEU, N'EST-CE PAS PLUTÔT VOUS, LA PETITE FILLE ? HO ! HO ! HO !

POURTANT, JE SUIS PLUS ÂGÉE QUE VOUS, KIYOMI-CHAN !

JE PENSE QUE J'AURAIS DÛ ATTENDRE, POUR VOUS INVITER À DÎNER, QUE VOUS SOYEZ DEVENUE UN PEU ADULTE ET QUE VOUS AYEZ MAÎTRISÉ LES BONNES MANIÈRES, MADEMOISELLE AMANE.

TRÈS BIEN.

LIDNER, NE PARLEZ À PERSONNE DE CETTE CONVERSATION.

SINON, UN AMI PRÉCIEUX ET MADEMOISELLE AMANE, L'ÉTOILE DE CE SPECTACLE, SE FERONT TUER PAR LES ADORATEURS DE KIRA.

ÉVIDEMMENT ! J'AI GAGNÉ !

MISAMISA ! TOUT VA BIEN ?

COMMENT ÇA, VOUS AVEZ GAGNÉ ?

OUI ! C'ÉTAIT FACILE !

VRAAAAN

SI TU PORTES UNE JUPE SI COURTE EN HIVER, C'EST POUR ATTIRER LES HOMMES, NON ?

ALORS QUOI, POUPÉE ?

QUEL-QU'UN... AIDEZ-MOI...

ARRÊTEZ !

84

SON
PORTABLE...?

UN CAHIER !?

FLAP

ICI, GEVANNI.

DAM

QUOI !?

MIKAMI A SORTI UN CAHIER.

IL EST EN TRAIN D'Y INSCRIRE QUELQUE CHOSE... CE NE SERAIT QUAND MÊME PAS...

NEAR... MAINTENANT, NOUS SOMMES CERTAINS QUE MIKAMI EST X-KIRA, N'EST-CE PAS ?

...

UN HOMME QUI SE TROUVAIT DANS LA MÊME VOITURE QUE MIKAMI ET QUI ENNUYAIT UNE FILLE S'EST ÉCROULÉ. ÇA S'EST PASSÉ QUELQUES DIZAINES DE SECONDES APRÈS QUE MIKAMI A ÉCRIT QUELQUE CHOSE DANS SON CAHIER, ALORS PEUT-ÊTRE QUE...

OUI.

COMMANDANT RESTER...

ON N'ATTRAPE PAS MIKAMI ?

COMMENT ?

QU'EST-CE QU'ON FAIT, NEAR ?

DANS LE PIRE DES CAS, SI LES ASSASSINATS PRENNENT FIN AVEC L'ARRESTATION DE MIKAMI, TOUT LE MONDE RISQUE DE PENSER QU'IL ÉTAIT KIRA.

NE ME LE FAITES PAS RÉPÉTER. MÊME S'IL EST ÉVIDENT QUE MIKAMI EST X-KIRA, JE N'AURAI PAS RECOURS À DE TELLES MÉTHODES, SINON, NOUS NE POURRONS PAS REMONTER JUSQU'À L'LIGHT YAGAMI.

DE TOUTE FAÇON, NOUS DEVONS NOUS RAPPROCHER DE MIKAMI, MAIS EN FAISANT ATTENTION À UNE CHOSE...

OUI...

NOUS DEVONS PROUVER QUE LIGHT YAGAMI EST KIRA, LA SOURCE DE TOUS LES MAUX, ET L'ARRÊTER, SINON, NOS EFFORTS AURONT ÉTÉ VAINS.

... L'EXISTENCE
DU DIEU
DE LA MORT.

MIKAMI

!?

AUTREMENT DIT,
LE DIEU DE LA MORT
A SUIVI LES ORDRES
DE KIRA ET A APPORTÉ
LE CAHIER AUX JAPONAIS...
LE DIEU DE LA MORT
QUI EST AVEC MIKAMI
EST ÉGALEMENT
SOUS SES ORDRES.
IL EST POSSIBLE QUE
CE DIEU DE LA MORT
PRÉVIENNE MIKAMI S'IL
REMARQUE QUE NOUS
FILONS CE DERNIER.

LES ENQUÊTEURS
JAPONAIS NOUS
ONT DIT UN
JOUR QUE POUR
REPRENDRE LE
CAHIER À MELLO,
KIRA AVAIT CONFIÉ
À UN DIEU
DE LA MORT
UN AUTRE CAHIER
ET QUE CE DIEU A
ENSUITE DONNÉ
CET AUTRE CAHIER
AU BUREAU
D'ENQUÊTE.

JE SAIS QUE C'EST
DIFFICILE, MAIS FAITES-LE.
CEPENDANT, CETTE FOIS-CI,
VOUS POURREZ LE SUIVRE
DE PLUS LOIN, ET LE
FILMER. L'IDÉAL SERAIT
D'ENREGISTRER
UNE CONVERSATION
AVEC SON DIEU
DE LA MORT.

TRÈS
BIEN.
JE FERAI
TOUT
CE QUE
JE PEUX.

CHU-
CHOTE-
MENT

MAIS SEULS
CEUX QUI ONT
TOUCHÉ UN CAHIER
PEUVENT VOIR
SON DIEU DE LA
MORT... ON PEUT
DIFFICILEMENT
FAIRE ATTENTION À
QUELQUE CHOSE
D'INVISIBLE !

MOI AUSSI, LIGHT.

MAINTENANT QUE JE ME RETROUVE TOUS LES SOIRS AINSI AVEC TOI, J'AI L'IMPRESSION QUE NOUS VIVONS DÉJÀ ENSEMBLE.

OUI. MERCI.

TU NE PRENDS PAS DE SUCRE DANS TON CAFÉ, MAIS TU EN METS UN DANS TON THÉ, N'EST-CE PAS ?

HM ?

LIGHT...

EH OUI... ON DIRAIT DES JEUNES MARIÉS !

EN TOUT CAS, ILS SONT DEVENUS DRÔLEMENT PROCHES EN TRÈS PEU DE TEMPS !

DE QUOI AVEZ-VOUS...?

!

J'AI PARLÉ SEULE À SEULE AVEC MISA HIER SOIR.

LIDNER...

?

EN FAIT, LIDNER, MON GARDE DU CORPS, ÉTAIT ÉGALEMENT PRÉSENTE.

POURQUOI ÇA TE RÉJOUIT, MATSUDA ?

WAAH ! LIGHT EST MAL BARRÉ !

IL EST MAL BARRÉ ! TRÈS MAL BARRÉ !

PARDON...

MISA M'A DIT QU'ELLE ALLAIT ANNONCER VOS FIANÇAILLES LORS DE L'ÉMISSION DE FIN D'ANNÉE.

qu'était Misa pour toi ?

TA GUEULE, MATSUDA !

IL Y A LONGTEMPS QUE CETTE HISTOIRE EST TERMINÉE POUR MOI, MAIS JE N'ARRIVE PAS À LE LUI ANNONCER...

VRAIMENT...?

MAIS MISA N'EST PAS LA SEULE. POURQUOI TAKADA DEVAIT-ELLE LA VOIR ? LES FEMMES...

CETTE PESTE DE MISA... DE QUOI SE MÊLE-T-ELLE ? QUELLE POISSE...

ELLE ÉTAIT

ET PUIS, COMME ÇA, J'AI UN SUJET DE CONVERSATION POUR DONNER LE CHANGE AU BUREAU D'ENQUÊTE...

ENFIN, C'EST SON PENCHANT POUR MOI QUI A POUSSÉ TAKADA À AGIR AINSI. JE PEUX LUI DIRE TOUT CE QUE JE VEUX, ÇA NE DEVRAIT PAS POSER DE PROBLÈMES.

ET MAINTENANT, C'EST MOI QUI EN SUIS CHARGÉE... NON, CE N'EST PAS COMME POUR MISA... DANS LE CAS DE MISA, LIGHT N'A PAS EU LE CHOIX, MAIS MOI, IL M'A CHOISIE...

!...

MISA RENDAIT LA JUSTICE POUR KIRA...?

ELLE ÉTAIT CHARGÉE DE RENDRE LA JUSTICE AVANT T.

ELLE A MIS LA MAIN SUR LES POUVOIRS DE KIRA D'UNE FAÇON QUE J'IGNORE. COMME ELLE SAVAIT QUE J'ÉTAIS KIRA, JE N'AI PAS PU FAIRE AUTREMENT.

NORMALEMENT, JE N'AURAIS JAMAIS CHOISI UNE FILLE IMPULSIVE.

C'EST VRAI QUE ÇA NE LUI RESSEMBLE PAS DE S'EXCUSER SI MALADROITEMENT !

DÈS LE MOMENT OÙ JE T'AI RENCONTRÉE À L'UNIVERSITÉ, J'AI EU ENVIE D'ÊTRE AVEC TOI. PLUS NOUS AVONS DISCUTÉ ENSEMBLE, PLUS CE SENTIMENT S'EST RENFORCÉ. C'EST VRAI.

KIYOMI, CROIS-MOI... TU ES LA SEULE QUI COMPTE POUR MOI.

EH BIEN... JE PENSE QU'IL JOUE UN DOUBLE JEU...

ALORS, IL SORT AVEC MISA OU AVEC TAKADA ?

"TU ES LA SEULE QUI COMPTE POUR MOI" ? CE GENRE DE PHRASE BANALE NE TE RESSEMBLE PAS, LIGHT.

SSS

MAIS SI TU M'AS MENTI, TU ME LE PAIERAS ! JE DIRAI TOUT À KIRA, TU SAIS !

Si Misa connaît tes secrets, n'est-il pas dangereux de la laisser faire ce qu'elle veut ?

TOUT DÉPENDRA DE TOI, LIGHT. MAIS J'AI CONFIANCE EN TOI.

VOS GUEULES !

MAIS JE N'Y SUIS POUR RIEN, MOI !

UN DOUBLE JEU ? ET TU CROIS QUE JE VAIS ACCEPTER ÇA ?

NE T'INQUIÈTE PAS. JE NE PEUX PAS TOUT T'EXPLIQUER EN DÉTAIL, MAIS ELLE A OUBLIÉ QUE JE SUIS KIRA ET QU'ELLE A TUÉ DES GENS POUR MOI. SI ON TENTE QUELQUE CHOSE À SON ENCONTRE, ON RISQUE AU CONTRAIRE DE SE FAIRE SOUPÇONNER.

C'EST UNE BLAGUE, IDE !

HA ! HA ! TRÈS DRÔLE, KIYOMI !

WAAH... LES FEMMES SONT EFFRAYANTES ! ELLE VA TOUT DIRE À KIRA POUR QU'IL SE FASSE TUER... !

JE NE PLAISANTAIS PAS.

COMME TU ES LE PORTE-PAROLE DE KIRA, TU ES DE PLUS EN PLUS OCCUPÉE. TU AS MÊME DES GARDES DU CORPS... MENER UNE VIE PAISIBLE ENSEMBLE M'APPARAÎT DÉSORMAIS COMME UN RÊVE...

JE SAIS QUE KIRA EST UNE NÉCESSITÉ DANS LE MONDE ACTUEL, MAIS CES DERNIERS TEMPS, JE ME DEMANDE SI NOUS POURRONS UN JOUR ÊTRE ENSEMBLE.

KIRA...?

?

C'EST LIGHT QUI VA LE CONSTRUIRE ?

UN MONDE RIEN QUE POUR EUX DEUX...

POUR MOI, MAINTENANT, LE PLUS IMPORTANT, C'EST D'ÊTRE AVEC TOI. JE M'INTÉRESSE DE MOINS EN MOINS À CE QUE DEVIENT LE MONDE.

LIGHT...

JE VEUX ÊTRE HEUREUSE AVEC TOI, MAIS C'EST POSSIBLE UNIQUEMENT SANS KIRA.

JE DÉTESTE PRESQUE KIRA POUR T'AVOIR CHOISIE COMME PORTE-PAROLE. JE VEUX BIEN QU'IL TUE LES CRIMINELS, MAIS NOUS, NOUS NE SOMMES PAS DES CRIMINELS... NOUS AVONS LE DROIT D'ÊTRE HEUREUX...

EUH ?

... MAIS C'EST POSSIBLE UNIQUEMENT... SANS KIRA...

JE VEUX ÊTRE HEUREUSE AVEC TOI...

C'EST VRAI...

LIGHT EST DOUÉ !

AH... SI SEULEMENT KIRA N'EXISTAIT PAS...

QUOI ?

QUOI ?

PARDON ?

ALORS, KIRA DEVRAIT ÊTRE ARRÊTÉ ?

ALORS, KIRA DEVRAIT ÊTRE A...TÉ ?

KIYOMI... TU PENSES CE QUE TU DIS ?

C'EST VRAI... POUR QUE NOUS PUISSIONS ÊTRE HEUREUX, IL FAUT QUE L'ON ARRÊTE KIRA...

LIGHT...

QUE KIRA SE FASSE ARRÊTER.

IL Y A PEUT-ÊTRE UNE CHANCE...

EUH ? QUOI DONC ?

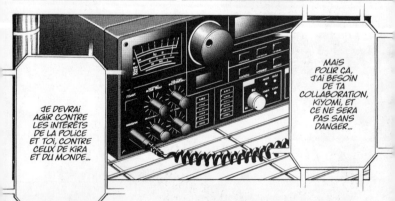

JE DEVRAI AGIR CONTRE LES INTÉRÊTS DE LA POLICE ET TOI, CONTRE CEUX DE KIRA ET DU MONDE...

MAIS POUR ÇA, J'AI BESOIN DE TA COLLABORATION, KIYOMI, ET CE NE SERA PAS SANS DANGER...

QUEL LONG SILENCE...

MAIS... BIEN SÛR !

TU VEUX DONC VRAIMENT VIVRE AVEC MOI ?

EUH ?

LIGHT... TU ES DONC SI RÉSOLU...?

SI MA COLLABORATION PEUT FAIRE EN SORTE QUE NOUS SOYONS HEUREUX...

KIYOMI...

LIGHT...

TOUT D'ABORD, TU VAS FAIRE DES COMMENTAIRES À LA TÉLÉVISION QUI POUSSERONT KIRA À ENTRER EN CONTACT AVEC TOI.

MAIS QU'EST-CE QUE JE...?

NE T'INQUIÈTE PAS. JE RÉDIGERAI CES COMMENTAIRES.

D'ACCORD.

D'ACCORD.

MAINTENANT, LES MEMBRES DU BUREAU D'ENQUÊTE CROIRONT QUE J'AI RISQUÉ MA VIE POUR QUE TAKADA CHANGE DE POINT DE VUE ET POUR QUE L'ENQUÊTE AVANCE.

QUEL REVIREMENT ! LIGHT A TIRÉ AVANTAGE DE SA RELATION AVEC MISA POUR RÉUSSIR À FAIRE COLLABORER TAKKI !

IL EST IN-CROYA-BLE...!

MAIS NEAR N'EST PAS IDIOT. IL FERA SÛREMENT TOUT CE QU'IL PEUT...

SI TAKADA SE MET À TENIR DES PROPOS AUDACIEUX À LA TÉLÉVISION, NEAR FERA ENCORE PLUS ATTENTION À ELLE.

TROIS JOURS PLUS TARD.

DÉSOLÉE... J'AI EU DU MAL À ME RETROUVER SEULE...

ÇA S'EST PASSÉ IL Y A QUATRE JOURS. IL Y AVAIT TAKADA, AMANE ET MOI... MAIS LA CONVERSATION CONSISTAIT À DÉTERMINER LAQUELLE DE CES DEUX FEMMES ÉTAIT LA PETITE AMIE DE LIGHT.

CE QUE JE PEUX DIRE...

QU'EST-CE QUE VOUS EN PENSEZ, NEAR ?

SÉRIEUSEMENT, NEAR...

MAIS SI ELLES SONT VRAIMENT FOLLES DE LUI, ELLES NE LE TRAHIRONT PAS FACILEMENT... NON, IL PEUT LEUR FAIRE FAIRE CE QU'IL VEUT...

TAKADA ET AMANE SONT FOLLES DE LUI.

... C'EST QUE LIGHT A DU SUCCÈS AUPRÈS DES FEMMES.

Tchuk クネ

Tchuk クネ

KIRA

JE NE ME TRACASSE PAS POUR LE CAHIER MAIS POUR LE DIEU DE LA MORT.

MAIS DANS LE RAPPORT QU'IL NOUS A FAIT AUJOURD'HUI, MIKAMI A SORTI UN CAHIER, ET IL EST CLAIR QU'IL A TUÉ QUELQU'UN !

?

MAIS JE M'INQUIÈTE SURTOUT DU FAIT QU'IL N'Y A RIEN DE NOUVEAU DANS LES RAPPORTS DE GEVANNI.

QUOI DONC ?

ET PUIS, IL Y A QUELQUE CHOSE D'ÉTRANGE...

S'ILS ONT DÉCIDÉ DE NE PAS PARLER EN PUBLIC, JE NE COMPRENDS PAS POURQUOI MIKAMI A SORTI OSTENSIBLEMENT SON CAHIER POUR TUER QUELQU'UN DEUX FOIS CETTE SEMAINE.

SI UN DIEU DE LA MORT ÉTAIT AVEC LUI, IL SERAIT NORMAL QU'ILS ÉCHANGENT UN MOT OU DEUX EN L'ESPACE DE TROIS JOURS...

LE DIEU DE LA MORT QUI SE TROUVE AU Q.G. DU BUREAU D'ENQUÊTE PEUT ÊTRE VU PAR LES ENQUÊTEURS. AUTREMENT DIT, NON SEULEMENT LIGHT MAIS AUSSI LE DIEU DE LA MORT ET LE CAHIER SONT PLACÉS SOUS SURVEILLANCE.

MAIS PUISQUE MIKAMI A PROBABLEMENT REÇU SON CAHIER DE L-KIRA, SEULS MIKAMI ET L-KIRA DEVRAIENT ÊTRE CAPABLES DE VOIR LE DIEU DE LA MORT ATTACHÉ À CE CAHIER.

D'AC-CORD.

BIEN SÛR, L-KIRA NE PEUT PAS DONNER D'ORDRES OU PARLER FACILEMENT AVEC CE DIEU DE LA MORT.

NHN

TAKADA

AMANE

L-KIRA

MIKAMI

KIRA

MIKAMI

X-KIRA

DANS CE CAS, POURQUOI NE SE CONTACTENT-ILS PAS EN PASSANT PAR LE DIEU DE LA MORT ? C'EST BIEN MOINS RISQUÉ QUE DE PASSER PAR TAKADA. EN PLUS, S'ILS SONT LES SEULS À POUVOIR VOIR CE DIEU DE LA MORT, ILS ONT DÛ TROUVER UN MOYEN D'ENTRER EN CONTACT...

JE VOIS...

MELLO A DIT QU'IL AVAIT VU UN DIEU DE LA MORT. QUAND IL AVAIT SON DIEU DE LA MORT AVEC LUI, IL Y AVAIT DONC UN AUTRE DIEU DE LA MORT AVEC L'ÉQUIPE DU BUREAU D'ENQUÊTE. MESSIEURS AIZAWA ET MOGI ONT D'AILLEURS DIT QU'ILS AVAIENT VU UN DIEU DE LA MORT DIFFÉRENT DE CELUI QUI SE TROUVAIT À LEUR Q.G...

C'EST POSSIBLE...

EFFECTIVEMENT... OU BIEN PEUT-ÊTRE QUE LES MEMBRES DU BUREAU D'ENQUÊTE SONT CAPABLES DE VOIR LE DIEU DE LA MORT DE MIKAMI AUSSI...

MAINTENANT QUE VOUS LE DITES, EN EFFET... MAIS LA SEULE EXPLICATION QUI ME VIENNE À L'ESPRIT EST QU'IL Y A DES DIEUX DE LA MORT QUI ACCEPTENT CE GENRE DE TÂCHE, ET D'AUTRES PAS.

OUI ALÔRS...

EST-CE UN DIEU DE LA MORT QUI N'ACCEPTE PAS D'AIDER MIKAMI ? PEUT-IL ÊTRE VU PAR D'AUTRES QUE PAR L-KIRA ? TAKADA EST-ELLE UNE MYSTIFICATRICE ?

MIKAMI PARLE TOUT SEUL !

!

C'EST GEVAN-NI !

BIP BIP BIP

OUI ! PEUT-ÊTRE QU'IL PARLE AVEC SON DIEU DE LA MORT... IL ÉTAIT TROP ÉLOIGNÉ POUR QUE JE PUISSE ENTENDRE SA VOIX, MAIS J'AI FILMÉ SA BOUCHE.

IL PARLE TOUT SEUL ?

JE VOUS ENVOIE LES IMAGES.

ELLES ONT ÉTÉ PRISES SUR LE TOIT DU MINISTÈRE OÙ IL TRAVAILLE, PENDANT UNE PAUSE.

REPASSEZ CET EXTRAIT PLUS LENTEMENT.

VOILÀ. IL DIT QUELQUE CHOSE.

APPAREMMENT, IL A RÉAGI AU MOUVEMENT D'UNE BOULETTE DE PAPIER QUI SE TROUVE À SES PIEDS.

MAINTENANT, IL VIENT DE SOUPIRER.

JE VOIS QUE VOUS N'ÊTES PAS COMMANDANT POUR RIEN, RESTER.

"C'EST TOI, DIEU DE LA MORT ?"

SE - TOI - DIEU - DE - LA - MOR...

CE - DIEU - DE - LA - MOR...

À PARTIR D'ICI, IL A PARLÉ UN PEU PLUS LONGTEMPS, ALORS JE VAIS FAIRE UN ZOOM SUR SA BOUCHE ET PASSER LE FILM AU RALENTI.

... MA - DO - NE...

... LE - KA - iE...

! ...

... NA - PA - RÈ - PLU - DE - PUI - KIL...

... ...

"CE DIEU DE LA MORT N'APPARAÎT PLUS DEPUIS QU'IL M'A DONNÉ LE CAHIER"...

OUI...

... C'EST QUE MIKAMI A REÇU UN CAHIER DE CE DIEU DE LA MORT ET QUE DEPUIS, CE DERNIER N'EST PLUS AVEC LUI.... MIKAMI A PRIS LE BRUIT D'UNE BOULETTE DE PAPIER SUR LE TOIT POUR UN BRUIT ÉMIS PAR LE DIEU DE LA MORT... VOILÀ TOUT.

CE QUE JE PEUX EN DÉDUIRE...

...

AUCUN DIEU DE LA MORT N'EST ATTACHÉ À MIKAMI...

ROLL

HOP

HUM... JE VOIS...

AUCUN DIEU DE LA MORT N'EST AVEC MIKAMI...

PAGE 94. DEHORS

D'APRÈS CE QUE J'AI VU, MIKAMI PREND AUSSI PARFOIS DES INITIATIVES...

MIKAMI N'A PLUS DE DIEU DE LA MORT, C'EST CE QU'IL A MURMURE.

C'EST VRAI...

MIKAMI PEUT MÊME NOUS FOURNIR UNE PREUVE QUE LIGHT YAGAMI EST KIRA.

NEAR, CELA FACILITE NOTRE ENQUÊTE S'IL N'Y A PAS DE DIEU DE LA MORT.

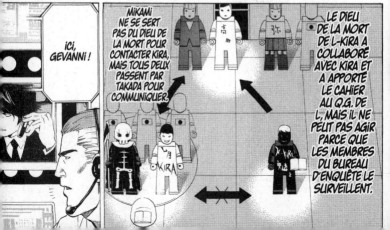

ICI, GEVANNI !

MIKAMI NE SE SERT PAS DU DIEU DE LA MORT POUR CONTACTER KIRA, MAIS TOUS DEUX PASSENT PAR TAKADA POUR COMMUNIQUER.

LE DIEU DE LA MORT DE L-KIRA A COLLABORÉ AVEC KIRA ET A APPORTÉ LE CAHIER AU Q.G. DE L, MAIS IL NE PEUT PAS AGIR PARCE QUE LES MEMBRES DU BUREAU D'ENQUÊTE LE SURVEILLENT.

AH BON... MAIS IL SERAIT BIZARRE QU'IL NE SE PROTÈGE PAS UN PEU...

IL DOIT Y AVOIR UN DISPOSITIF DE SÉCURITÉ À L'INTÉRIEUR, ET MÊME SI J'ARRIVE À ENTRER, JE POURRAI DIFFICILEMENT PASSER INAPERÇU.

D'APRÈS CE QUE J'AI VU DE L'EXTÉRIEUR, IL Y A DEUX CAMÉRAS À L'ENTRÉE DE L'APPARTEMENT OÙ HABITE MIKAMI...

MIKAMI N'A PAS DE DIEU DE LA MORT AVEC LUI... MAIS MÊME QUAND LA BASE DE MELLO S'EST FAIT ATTAQUER LA PREMIÈRE FOIS, UN DIEU DE LA MORT A APPAREMMENT ARRACHÉ LES CASQUES DES SOLDATS... IL SERAIT PLUS FACILE POUR MIKAMI DE FAIRE GARDER SON APPARTEMENT PAR UN DIEU DE LA MORT QUE D'Y INSTALLER DES CAMÉRAS...

TOUT SEMBLE INDIQUER QU'IL N'Y A PAS DE DIEU DE LA MORT AVEC MIKAMI.

QUAND IL EST DEHORS, MIKAMI LAISSE SIMPLEMENT SON CAHIER DANS SON SAC, PRATIQUEMENT SANS PROTECTION. MAIS IL AURAIT L'AIR SUSPECT S'IL SE TENAIT CONSTAMMENT SUR SES GARDES QUAND IL EST EN PUBLIC...

EFFECTIVEMENT, JE NE COMPTE PAS ARRÊTER MIKAMI ET M'EMPARER DU CAHIER POUR OBTENIR UNE PREUVE CONTRE KIRA.

JE PENSAIS QUE VOUS NE VOULIEZ PAS LUI PRENDRE SON CAHIER ?

COMMANDANT RESTER, J'AIMERAIS QUE VOUS ET GEVANNI EXAMINIEZ PLUS EN DÉTAIL LA VIE QUOTIDIENNE ET LE COMPORTEMENT DE MIKAMI. CHERCHEZ AUSSI LA MOINDRE OCCASION POUR TOUCHER LE CAHIER.

BIEN SÛR, SI JAMAIS UN DIEU DE LA MORT EST AVEC LUI, CE DIEU DIRA À MIKAMI QUE NOUS AVONS TOUCHÉ LE CAHIER ET NOUS RISQUONS DE NOUS FAIRE TUER. MAIS D'APRÈS CE QUE NOUS AVONS PU OBSERVER, SI UN DIEU DE LA MORT EST AVEC MIKAMI, IL NE DOIT PAS ÊTRE TRÈS COOPÉRATIF.

IL N'Y A PROBABLEMENT PAS DE DIEU DE LA MORT AVEC MIKAMI... MAIS NOUS NE POUVONS PAS EN ÊTRE ENTIÈREMENT SÛRS AVANT D'AVOIR TOUCHÉ LE CAHIER ET OBSERVÉ MIKAMI PENDANT PLUSIEURS JOURS...

MAIS S'IL Y EN A UN, JE DEVRAI MODIFIER CE PLAN.

SI AUCUN DIEU DE LA MORT N'EST AVEC MIKAMI, J'AI UN PLAN QUE JE COMPTE BIEN APPLIQUER.

QUI DEVRA TOUCHER LE CAHIER ? GEVANNI OU MOI ?

TRÈS BIEN... DE TOUTE FAÇON, JE CONTINUE À SURVEILLER MIKAMI.

SI NOUS RESPECTONS LA HIÉRARCHIE, C'EST À GEVANNI DE LE FAIRE.

AUJOURD'HUI AUSSI, LIGHT VA RENCONTRER TAKADA DANS CETTE CHAMBRE... L'ENQUÊTE AVANCE PEU À PEU MAIS...

"D'ACCORD. MAINTENANT, PLUS QU'UN MICRO, N'EST-CE PAS ? JE VOUS REMERCIE."

ET QUAND NEAR A CONTACTÉ LE Q.G. POUR ME PARLER, IL A DIT...

LA PREMIÈRE IDÉE QUI M'EST VENUE À L'ESPRIT, C'EST QUE TAKADA ET LUI POUVAIENT COMMUNIQUER EN ÉCRIVANT SUR DES BLOCS-NOTES...

... LA PREMIÈRE FOIS QUE LIGHT A VU TAKADA, KIRA L'A APPELÉE, ET DEPUIS, TOUTES LES CAMÉRAS DE SURVEILLANCE ONT ÉTÉ RETIRÉES.

C'EST BON. IL N'Y A AUCUN MICRO DANS CETTE CHAMBRE, HORMIS CELUI QUE J'AI SUR MOI.

OUI. ALORS, IL NE RESTE QUE LA SALLE DE BAINS.

POURQUOI KIRA AUTORISE-T-IL CES RENDEZ-VOUS ? SE CONTENTE-T-IL DE SAVOIR QUE LIGHT EST LE PETIT AMI DE TAKADA ?

MAIS KIRA DEVRAIT SE RENDRE COMPTE QUE SON PORTE-PAROLE VA À DES RENDEZ-VOUS SECRETS...

ENFIN, PROBABLEMENT QUE SI LES ADORATEURS DE KIRA DÉCOUVRAIENT QU'IL VOIT TAKADA, ILS ESSAYERAIENT DE LE TUER. C'EST NORMAL...

POURQUOI LIGHT RECHERCHE-T-IL LES CAMÉRAS ET LES MICROS AVEC AUTANT DE SOIN ?

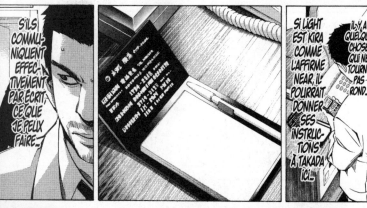

S'ILS COMMUNIQUENT EFFECTIVEMENT PAR ÉCRIT, CE QUE JE PEUX FAIRE...

SI LIGHT EST KIRA COMME L'AFFIRME NEAR, IL POURRAIT DONNER SES INSTRUCTIONS À TAKADA ICI...

IL Y A QUELQUE CHOSE QUI NE TOURNE PAS ROND...

TCHUK

OUI !

EH BIEN, À CE SOIR, LIGHT.

POURTANT, TU AS L'AIR PLUTÔT CONTENT, MATSUDA !

AAH ! C'EST ENFIN TERMINÉ ! C'ÉTAIT DE NOUVEAU CONCENTRÉ AUJOUR- D'HUI ! C'EST DUR DE DEVOIR LES ÉCOUTER PENDANT DES HEURES !

OUI, MADE- MOISELLE TAKADA !

DITES AUX GENS DE L'HÔTEL DE REPRENDRE LEURS ACTIVITÉS HABITUELLES VINGT MINUTES APRÈS MON DÉPART, COMME D'HABITUDE.

BON, JE VAIS ATTENDRE UN PEU AVANT DE RETOURNER AU Q.G.

DONC, MÊME S'IL A COMMUNIQUÉ PAR ÉCRIT AVEC TAKADA, IL DISPOSE DE SUFFISAMMENT DE TEMPS POUR FAIRE DISPARAÎTRE LES FEUILLETS...

MÊME SI LIGHT PORTE UN MICRO, IL PEUT FAIRE CE QU'IL VEUT ENTRE LE MOMENT OÙ TAKADA S'EN VA ET CELUI OÙ IL ARRIVE AU Q.G.

ON N'A PAS LE CHOIX. IL NE FAUT PAS QUE L'ON DÉCOUVRE QUE LIGHT VOIT TAKADA.

C'EST PAS RIGOLO POUR AIZAWA ! C'EST TOUJOURS LUI QUI FAIT LES RÉSERVATIONS ET QUI RÈGLE LES NOTES...

AH ! TU Y VAS BIEN TÔT AUJOURD'HUI ! À PLUS TARD.

BON, JE VAIS À L'HÔTEL POUR RÉGLER LA NOTE.

OUI, MAIS COMME C'EST LUI QUI A DEMANDÉ DE SURVEILLER LA CHAMBRE AVEC DES MICROS ET DES CAMÉRAS...

MAIS SI QUELQU'UN DÉCOUVRE LE POT AUX ROSES, TOUT CONTRIBUERA À FAIRE CROIRE QUE TAKADA VOIT AIZAWA... IL A UNE TÂCHE BIEN INGRATE...

EH BIEN, LES GARDES DU CORPS SUIVENT TAKADA JUSQU'À LA CHAMBRE, ET IL Y A TOUJOURS MOYEN DE DEMANDER À QUELQU'UN DE L'HÔTEL QUI A RÉSERVÉ CETTE CHAMBRE. ÉVIDEMMENT, CELUI QUI DONNERAIT CETTE INFORMATION AINSI QUE LES GARDES DU CORPS SE FERAIENT ALORS TUER...

MAIS TOUTES LES CAMÉRAS DE SURVEILLANCE SONT DÉBRANCHÉES AVANT L'ARRIVÉE DE TAKADA, ET LE PERSONNEL DE L'HÔTEL N'A PAS ACCÈS À L'ÉTAGE DE LA CHAMBRE ! ALORS, COMMENT POURRAIT-ON SAVOIR QUI ELLE A RENCONTRÉ ?

VRAAM

AVANT LEUR RENDEZ-VOUS, PENDANT QUE JE FOUILLAIS LA CHAMBRE AVEC LIGHT, J'EN AI PROFITÉ POUR METTRE DES TRACES D'ONGLE SUR L'AVANT-DERNIÈRE FEUILLE DE CHAQUE BLOC-NOTES.

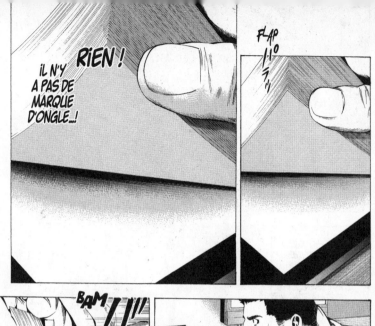

IL N'Y A PAS DE MARQUE D'ONGLE...!

RIEN !

FLAP

BAM

SUR QUATRE BLOCS-NOTES, DEUX NE PORTENT PAS DE TRACES D'ONGLE...

PARCE QUE LIGHT OU TAKADA...

ALORS POURQUOI LES BLOCS-NOTES ONT-ILS ÉTÉ REMPLACÉS ?

LEUR CONVERSATION D'AUJOURD'HUI NE NÉCESSITAIT PAS DE PRISE DE NOTES...

LA CHAMBRE EST ENCORE DANS LE MÊME ÉTAT QUE TOUT À L'HEURE, LES EMPLOYÉS N'Y SONT PAS ENCORE ENTRÉS...

LIGHT EST KIRA ET IL ÉCRIT SES INSTRUCTIONS POUR TAKADA, C'EST LA SEULE EXPLICATION POSSIBLE...

...SERVIS...

...S'EN SONT...

NON, ÇA N'IRA PAS, SI QUELQU'UN DU BUREAU D'ENQUÊTE AGIT EN CE SENS, LIGHT LE REMARQUERA SÛREMENT...

JE POURRAIS DEMANDER À MOGI OU À IDE DE M'AIDER À LES SURPRENDRE QUAND ILS COMMUNIQUENT AVEC LEURS BLOCS-NOTES...

QU'EST-CE QUE JE FAIS ?

...

NEAR ? J'AI APPELÉ LE NUMÉRO QUE VOUS M'AVIEZ DONNÉ ET JE SUIS TOMBÉ SUR GEVANNI QUI M'A DIT D'APPELER CE NUMÉRO-CI.

BIP BIP BIP

JE SUIS AU COURANT...

L ET TAKADA SE VOIENT PRESQUE TOUS LES SOIRS...

NEAR, JE VOUS CROIS, MAINTENANT.

MONSIEUR AIZAWA ! ÇA FAISAIT LONGTEMPS.

JE SAIS AUSSI QU'ILS COMMUNIQUENT PAR ÉCRIT.

MAIS QUE DITES-VOUS DE CECI ? J'AI LA CERTITUDE QU'ILS COMMUNIQUENT PAR ÉCRIT ! J'AI LAISSÉ UNE MARQUE SUR LES BLOCS-NOTES DE L'HÔTEL, C'EST AINSI QUE J'AI SU QUE...

!...

... C'EST DE LE PROUVER, ET POUR CELA IL FAUT TROUVER LES FEUILLETS QUI ONT ÉTÉ UTILISÉS.

...MAIS LE PROBLÈME...

MONSIEUR AIZAWA, VOUS AVEZ DÉCOUVERT QUE L ET TAKADA COMMUNIQUENT PAR ÉCRIT...

L... ENFIN, KIRA SE SERT DE BLOCS-NOTES POUR DONNER SES INSTRUCTIONS À X, LA PERSONNE QUI COMMET ACTUELLEMENT LES ASSASSINATS À LA PLACE DE KIRA. CELA SAUTE AUX YEUX CAR KIRA CHOISIT DE NOUVEAU LE MÊME TYPE DE VICTIMES QU'AVANT.

IL Y A ÉNORMÉMENT DE MOYENS DE FAIRE DISPARAITRE CES FEUILLETS : LES DÉCHIRER ET LES JETER DANS LES TOILETTES, LES FAIRE EMPORTER PAR TAKADA QUE PERSONNE N'A LE DROIT DE FOUILLER AFIN QU'ELLE S'EN DÉBARRASSE...

!...

DANS CE CAS, SAVOIR QU'ILS COMMUNIQUENT PAR ÉCRIT NE SERT À RIEN.

EH BIEN... JE N'AI PAS ENCORE...

AINSI, IL SERA POSSIBLE D'OBTENIR LES BLOCS-NOTES AVANT QU'ILS NE SOIENT DÉTRUITS...

MONSIEUR AIZAWA...

MAIS, COMME VOUS LE DITES, UN SEUL FEUILLET SUFFIRA COMME PREUVE... JE POURRAIS M'ARRANGER AVEC DES MEMBRES DE L'ÉQUIPE POUR QU'ILS SE CACHENT DANS LA CHAMBRE UNE FOIS QU'ELLE SERA RÉSERVÉE... LES APPAREILS DE DÉTECTION NE RÉAGISSENT PAS À LA PRÉSENCE HUMAINE, ET JE POURRAIS PRÉTENDRE QUE J'AI FOUILLÉ LA PIÈCE OÙ ILS SE DISSIMULERONT...

NE PRENEZ PAS D'INITIATIVE INUTILE.

UNE INITIATIVE INUTILE ?

ET MÊME SI TOUT SE DÉROULE COMME VOUS L'AVEZ PRÉVU ET QUE VOUS OBTENEZ UN BLOC-NOTES QUI PERMETTE DE LES CONFONDRE, VOUS VOUS FEREZ TOUS TUER. BIEN SÛR, SI VOUS RÉUSSISSEZ À TUER KIRA À CE MOMENT-LÀ, C'EST DIFFÉRENT, MAIS...

OUI. VOTRE PROPOSITION DE CACHER DES HOMMES DANS LA CHAMBRE EST IRRÉALISTE, ET EN FONCTION DU CONTENU DU BLOC-NOTES, TAKADA ET L POURRAIENT TRÈS BIEN TROUVER UNE EXCUSE PLAUSIBLE. MOI, JE NE FERAIS JAMAIS ÇA.

...

LA PERSONNE QUI SE CHARGE DES ASSASSINATS A CERTAINEMENT REÇU DES PHOTOS DE VOUS. KIRA A SÛREMENT PRIS SES DISPOSITIONS POUR QUE VOUS PUISSIEZ ÊTRE TUÉS À SON SIGNAL.

SI VOUS ÊTES ENCORE TOUS VIVANTS, C'EST GRÂCE À MOI. MAINTENANT QUE LE MONDE S'INCLINE DEVANT KIRA, AUCUNE AUTRE RAISON N'EXPLIQUE QUE VOUS SOYEZ EN VIE.

SI JAMAIS VOUS TROUVEZ UN BLOC-NOTES ET QUE VOUS VOUS FAITES TUER, JE SAURAI AINSI QUE L'EST BIEN KIRA, MAIS COMME JE LE SAIS DÉJÀ, CELA NE SERVIRA À RIEN.

CE N'EST PAS LA BONNE FAÇON DE PROCÉDER, CAR AINSI, KIRA AURA LES MAINS LIBRES, CE QUI NE M'ARRANGE PAS DU TOUT.

MÊME SI L'IDENTITÉ DE KIRA ÉTAIT RENDUE PUBLIQUE, LA MAJORITÉ DES GENS SE RANGERAIT DE SON CÔTÉ.

!? ...

NOUS N'EN SOMMES PLUS AU STADE OÙ IL SUFFISAIT DE TROUVER LA PREUVE QUE L'EST KIRA.

MONSIEUR AIZAWA...

ET DANS CE CAS, JE NE REPRÉSENTERAI PLUS UN DANGER POUR KIRA... VOUS COMPRENEZ ?

... QUE KIRA ESSUIE UNE DÉFAITE CUISANTE FACE À MOI, DONT IL NE CONNAÎT PAS ENCORE LE VISAGE.

POUR ARRÊTER KIRA, LE SEUL MOYEN, C'EST...

IL VOUS CONSIDÈRE TOUT AU PLUS COMME DES MOUCHES ENNUYEUSES QUI TOURNENT AUTOUR DE LUI.

JE SUIS DÉSOLÉ DE VOUS DIRE QUE VOTRE ÉQUIPE N'EFFRAIE PAS KIRA LE MOINS DU MONDE, MONSIEUR AIZAWA.

MAIS KIRA NE POURRA JAMAIS M'IGNORER, MOI.

CAR POUR KIRA, JE SUIS...

JE PEUX SEULEMENT ARRÊTER KIRA EN LUI INFLIGEANT UNE DÉFAITE.

... SON NOUVEAU RIVAL DANS CE COMBAT DONT DÉPENDENT SA FIERTÉ ET CELLE DE L.

NOUS NE FAISONS PLUS PARTIE DE LA COMPÉTITION...!?

!....

COMPRENEZ-LE ET NE NOUS DÉRANGEZ PAS.

POUR DIRE LES CHOSES CLAIREMENT, MONSIEUR AIZAWA, VOUS ET VOS COLLÈGUES NE FAITES PLUS PARTIE DE LA COMPÉTITION.

NOUS AVONS AGI AU PÉRIL DE NOS VIES, ET MAINTENANT, NOUS NE SERVONS PLUS À RIEN...?

MAIS SI VOUS VOULEZ QUAND MÊME ATTRAPER KIRA... SI VOUS VOULEZ TOUJOURS COLLABORER AVEC MOI...

?

C'EST LA RÉALITÉ.

C'EST LE MIEUX QUE VOUS PUISSIEZ FAIRE POUR MOI ET POUR KIRA...

... CONTINUEZ À LE SURVEILLER COMME VOUS L'AVEZ FAIT JUSQU'À PRÉSENT.

KIRA AUSSI EST SÛREMENT EN TRAIN D'ÉLABORER UN PLAN POUR ME VAINCRE. TOUTE INITIATIVE DE VOTRE PART ME GÊNERA ET NOUS FERA PERDRE DU TEMPS.

MON PLAN EST PRESQUE PRÊT. JE NE VEUX PAS QUE VOUS FASSIEZ QUOI QUE CE SOIT QUI LE COMPROMETTE.

LE SURVEILLER, C'EST TOUT...?

OUI. TOUTE AUTRE CHOSE SERAIT ABSURDE. ENFIN, ÇA ME GÊNERAIT SURTOUT.

NEAR… VOULEZ-VOUS DIRE QUE MON EXISTENCE ET CELLE DE MES COLLÈGUES N'ONT AUCUN SENS ?

NON. EN SURVEILLANT L, VOTRE EXISTENCE A UN SENS. ET PUIS, CELA FAIT PARTIE DE MON PLAN.

TELLE EST LA FORME QUE JE SOUHAITE DONNER À VOTRE COLLABORATION… POUR VAINCRE KIRA.

… À LA FIN DE KIRA.

JE VEUX QUE VOUS ASSISTIEZ…

KIRA TUE LES GENS AUSSI FACILEMENT QUE S'ILS ÉTAIENT DES INSECTES. MAIS IL EST TRÈS PROBABLE QU'IL VOUS LAISSERA LA VIE SAUVE JUSQU'AU MOMENT OÙ IL SE CONFRONTERA À MOI.

ASSISTER À LA FIN DE KIRA…

126

MONSIEUR AIZAWA ?

J'AI FAIT TOUT ÇA POUR CAPTURER KIRA... MAIS SI N'EAR EST VRAIMENT CAPABLE DE L'ARRÊTER...

TRÈS BIEN...

KATCHAK

J'AVAIS BIEN L'IMPRESSION QU'AIZAWA FAISAIT QUELQUE CHOSE DANS MON DOS QUAND NOUS SOMMES ENTRÉS DANS L'HÔTEL, MAIS ÇA N'A PLUS D'IMPORTANCE... S'IL PARLE À NEAR, CELUI-CI NE S'INTÉRESSERA PAS À LUI !

AIZAWA EN MET DU TEMPS ! OÙ TRAÎNE-T-IL DONC ?

DEATH NOTE
How to use it
LXIII

- No matter what medical or scientific method may be employed, it is impossible for humans to distinguish whether or not the human has the eye power of a god of death. Even gods of death cannot distinguish this fact, except for the very god of death that traded his/her eye power with that human.

Quelles que soient les méthodes médicales ou scientifiques utilisées, il est impossible pour les humains de savoir si quelqu'un possède ou non "l'œil" ayant les mêmes pouvoirs que les yeux d'un dieu de la Mort. Même les dieux de la Mort ne peuvent le savoir, hormis celui qui a conféré le pouvoir de ses yeux à cet humain.

DIS À SAYU QUE JE PROMETS DE FAIRE TOUT CE QUE JE PEUX POUR QUE NOUS PASSIONS DU TEMPS EN FAMILLE L'ANNÉE PROCHAINE.

OUI. DÉSOLÉ, MAMAN. CETTE ANNÉE-CI, JE NE POURRAI PAS RENTRER À LA MAISON.

...IL DEVRA CAPTURER KIRA POUR VENGER SON PÈRE. VA-T-IL ATTRAPER UN FAUX KIRA ? NON, PARCE QU'ALORS, IL NE POURRAIT PLUS TUER LES CRIMINELS...

LIGHT EST KIRA... AUTREMENT DIT, C'EST COMME SI C'ÉTAIT LUI QUI AVAIT TUÉ LE DIRECTEUR ADJOINT... S'IL VEUT VRAIMENT FAIRE TOUT CE QU'IL PEUT...

QUELLE HORREUR...

VEUT-IL CONVAINCRE SA MÈRE ET SA SŒUR, COMME IL A DÉJÀ CONVAINCU LA MAJORITÉ DU MONDE, D'ACCEPTER KIRA, POUR QU'ELLES CONSIDÈRENT QUE LA MORT DE SON PÈRE ÉTAIT UN MAL NÉCESSAIRE ?...

PAGE 95. CONVAINCU

PAGE 95. CONVAINCU

MATSUDA, JE NE TE DIS PAS QUE TU NE PEUX PAS REGARDER LE CONCERT, MAIS FINIS DE VÉRIFIER LES NOMS DE CEUX DONT ON A PARLÉ AUX NOUVELLES ET DE CEUX QUI SE SONT FAIT TUER AUJOUR-D'HUI.

JE VOUS SOUHAITE UNE BONNE SOIRÉE AVEC LE CONCERT DU NOUVEL AN !

JE PRÉFÉRERAIS VOIR LA FOIRE D'EMPOIGNE SUR L'AUTRE CHAÎNE...!

NEWS 7 FIN

BON ! LE CONCERT DU NOUVEL AN VA BIENTÔT COMMENCER !

IDE ! JE VOIS QUE TU AS COMPRIS !

C'EST VRAI... JE PENSE QUE JE VAIS JUSTE REGARDER MISAMISA, MOI AUSSI.

CA NE DOIT PAS ÊTRE FACILE POUR TOI NON PLUS ...!

EH BIEN... OUI. J'AI DÉCIDÉ DE LA LAISSER FAIRE COMME ELLE L'ENTENDAIT.

DIS, LIGHT, MISA VA VRAIMENT ANNONCER QU'ELLE SE FIANCE AVEC UN EMPLOYÉ DU BUREAU ?

LA PLUPART DES GENS PRENNENT CONGÉ AUJOURD'HUI, ET JE PENSE QUE NOUS POUVONS NOUS AUSSI FAIRE UNE PETITE PAUSE.

D'ACCORD, D'ACCORD. JE M'Y METTRAI DÈS QUE NOTRE MISAMISA AURA OUVERT LE SPECTACLE AVEC SA CHANSON !

VOICI LA SOIXANTIÈME ÉDITION...

... DU CONCERT DU NOUVEL AN DE NHN !!

SOIXANTIÈME CONCERT DU NOUVEL AN

JE VAIS FAIRE TOUT CE QUE JE PEUX POUR SOUTENIR LES CHANTEURS DE L'ÉQUIPE ROUGE !

À MES CÔTÉS SE TIENT AMI HAMASAKI, QUI SOUTIENDRA LES FEMMES DE L'ÉQUIPE ROUGE ET QUI INTERPRÉTERA LE RÔLE DE O-RYÔ DANS LE GRAND FEUILLETON DE L'ANNÉE PROCHAINE, "RYÔMA SAKAMOTO".

ET MAINTENANT, J'AI L'HONNEUR DE TENIR LE RÔLE DE PRÉSENTATRICE POUR LE CONCERT DU NOUVEL AN. JE ME PRÉSENTE : KIYOMI TAKADA. JE VOUS SOUHAITE UNE BONNE SOIRÉE.

IL NE RESTE QUE QUELQUES HEURES AVANT LE NOUVEL AN. POUR MOI, 2009 A ÉTÉ UNE ANNÉE QUI M'A PERMIS D'AVANCER.

VOUS M'ÔTEZ LES MOTS DE LA BOUCHE, RYÔMA !

OUI ! O-RYÔ ET MOI FORMONS UN COUPLE DANS LE FEUILLETON, MAIS ICI, NOUS SOMMES ENNEMIS !

HIDEKI RYÛGA, QUI SOUTIENDRA LES HOMMES DE L'ÉQUIPE BLANCHE, INTERPRÉTERA LE RÔLE DE RYÔMA SAKAMOTO DANS LE FEUILLETON DE 2010 !

C'EST PAS VRAI !?

QU'EST-CE QUE C'EST QUE ÇA ? MOGI NE M'A PAS APPELÉ POUR ME PRÉVENIR !

HÉLAS, JE DOIS PRÉSENTER MES EXCUSES À VOUS TOUS QUI NOUS REGARDEZ. MALHEUREUSEMENT, MISA AMANE, QUE L'ON SURNOMME MISAMISA ET QUI DEVAIT OUVRIR LE CONCERT CETTE ANNÉE, N'EST TOUJOURS PAS ARRIVÉE.

NE VOUS INQUIÉTEZ PAS ! IL EN FAUDRA PLUS POUR DÉCOURAGER L'ÉQUIPE ROUGE !

EH OUI ! TOUT PEUT ARRIVER ! C'EST AUSSI CE QUI FAIT L'INTÉRÊT DE CE CONCERT !

BROU-HAHA

BROU-HAHA

CE SONT LES ALÉAS DU DIRECT, MADEMOISELLE TAKADA ! MAIS CELA RESSEMBLE BIEN À MISAMISA DE FAIRE UN "HAPPENING" PAREIL !

FAITES-MOI CONFIANCE ! JE VAIS FAIRE DE MON MIEUX !

À LA PLACE DE MISAMISA, NOUS AVONS AYAME ASAOKA, QUI VIENT DE DÉCROCHER LE GRAND PRIX DU CD !

C'EST BIZARRE... QU'EST-CE QUI SE PASSE ?

RIEN À FAIRE. C'EST COMME POUR MOGI.

... PEUT-ÊTRE QUE TAKKI A VOULU ÉVITER QUE MISA ANNONCE SES FIANÇAILLES ET...

HM ?

ALORS...

NON. TAKADA A TOUJOURS DIT QU'ELLE CONSIDÉRAIT MISA COMME SON AMIE, ET JE NE PENSE PAS QUE LIDNER, SON GARDE DU CORPS, AIT COMMIS UNE INDISCRÉTION...

VOUS NE PENSEZ PAS QUE DES ADORATEURS DE KIRA... NON, DE TAKADA ONT DÉCOUVERT QUE TAKADA ET AMANE S'ENTENDAIENT MAL ?

ELLE A PEUT-ÊTRE FAIT SEMBLANT DE TE CROIRE, LIGHT, MAIS LES SENTIMENTS D'UNE FEMME SONT TELLEMENT SUBTILS...

C'EST IMPOSSIBLE. J'EN AI PARLÉ AVEC TAKADA ET JE L'AI CONVAINCUE. VOUS AVEZ ENTENDU NOTRE CONVERSATION, NON ?

NON !?

BEN OUI, PEUT-ÊTRE QUE TAKKI A DEMANDÉ À KIRA DE LA...

NON ! IL S'AGIT SIMPLEMENT DE FIANÇAILLES, ALORS LIGHT NE DEVRAIT PAS AVOIR DE PROBLÈMES... ET SES FIANÇAILLES NE PERMETTENT PAS DE FAIRE LE LIEN AVEC KIRA. ALORS, EST-CE QUE TAKADA EST JALOUSE DE MISA ?

SI AMANE ANNONCE SES FIANÇAILLES, LIGHT SERA LE PLUS EMBARRASSÉ SI LES MÉDIAS ESSAIENT DE SAVOIR QUI EST L'HEUREUX ÉLU... ET SI LIGHT AVAIT DONNÉ DES INSTRUCTIONS À TAKADA ?

MOGI, QU'EST-CE QUE TU FAIS ? QU'EST-CE QUI SE PASSE ?

D'AILLEURS, LE PORTABLE DE MOGI N'A PAS BOUGÉ, DONC C'EST QU'IL NE L'A PAS PRIS AVEC LUI...

MÊME SI LEUR VOITURE A DU RETARD, IL EST TRÈS BIZARRE QU'ON N'ARRIVE PAS À LES CONTACTER.

CELA A-T-IL UN RAPPORT AVEC CE QUI SE PASSE MAINTENANT ?

AVANT-HIER, APRÈS AVOIR PARLÉ À NEAR, JE SUIS ALLÉ AU SIÈGE DE KANTÔ TÉLÉVISION ET J'AI PARLÉ DES BLOCS-NOTES À MOGI.

EN TOUT CAS, IL FAUT SAVOIR CE QU'ILS SONT DEVENUS.

ON S'EN FICHE, DU CONCERT !

OUI, NOUS DEVONS SAVOIR SI RIEN NE LEUR EST ARRIVÉ. ET PUIS, LE CONCERT SERA GÂCHÉ SI MISA N'EST PAS LÀ !

LIGHT A-T-IL DÉCOUVERT QUE NOUS SOMMES PASSÉS DU CÔTÉ DE NEAR ? NON, DANS CE CAS, POURQUOI SERAIS-JE LE SEUL QUI SOIT INDEMNE ?

MOGI ÉTAIT DU MÊME AVIS QUE MOI. NOUS AVONS DÉCIDÉ DE LAISSER NEAR S'OCCUPER DE L'ENQUÊTE ET DE NOUS CONCENTRER SUR LA SURVEILLANCE DE LIGHT ET D'AMANE.

AH... EH BIEN, JE ME DÉBROUILLERAI, MÊME SI MADEMOISELLE AMANE NE VIENT PAS DU TOUT.

MADEMOISELLE TAKADA ! JE SUIS DÉSOLÉ, MAIS NOUS NE SOMMES PAS ENCORE PARVENUS À LES CONTACTER !

NHN HALL
NHNホール

ALORS, C'EST QUE...

QU'EST-CE QUI SE PASSE ? JE NE PENSE PAS QUE TAKADA VEUILLE TUER MISA... ELLE N'EST PAS SI BÊTE...

L'HEURE DE MON ENTRÉE EN SCÈNE EST DÉJÀ PASSÉE !

DÉPÊCHEZ-VOUS DE M'EMMENER À NHN ! SALES KIDNAPPEURS !

MOCCHI...

!

MISAMISA, IL FAUT VOUS TAIRE.

DÉJÀ QU'ON ME SURNOMME LA REINE DU DÉSENGA-GEMENT !

DE TOUTE FAÇON, VOUS ÊTES EN TRAIN DE COMMETTRE UN KIDNAPPING ! VOUS VOULEZ ME TUER ? VOUS N'ARRÊTEZ PAS DE ME METTRE DES BÂTONS DANS LES ROUES ! QUI ÊTES-VOUS, À LA FIN ?

ATTRAPER KIRA ? MAIS JE N'AI RIEN À VOIR AVEC LUI !

POURQUOI FAITES-VOUS ÇA ?

POUR ATTRAPER KIRA !

MERCI, MONSIEUR MOGI. J'ÉTAIS DÉTERMINÉ À POINTER UN REVOLVER SUR VOUS DANS LE PIRE DES CAS. MERCI DE NE PAS AVOIR RÉSISTÉ.

SI VOUS ÊTES DÉSOLÉE, CONDUISEZ-MOI À NHN !

JE SUIS DÉSOLÉE, MISA.

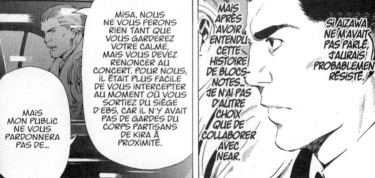

MAIS MON PUBLIC NE VOUS PARDONNERA PAS DE...

MISA, NOUS NE VOUS FERONS RIEN TANT QUE VOUS GARDEREZ VOTRE CALME, MAIS VOUS DEVEZ RENONCER AU CONCERT. POUR NOUS, IL ÉTAIT PLUS FACILE DE VOUS INTERCEPTER AU MOMENT OÙ VOUS SORTIEZ DU SIÈGE D'EBS, CAR IL N'Y AVAIT PAS DE GARDES DU CORPS PARTISANS DE KIRA À PROXIMITÉ.

MAIS APRÈS AVOIR ENTENDU CETTE HISTOIRE DE BLOCS-NOTES... JE N'AI PAS D'AUTRE CHOIX QUE DE COLLABORER AVEC NEAR.

SI AIZAWA NE M'AVAIT PAS PARLÉ, J'AURAIS PROBABLEMENT RÉSISTÉ.

APRÈS TOUT... KIYOMI DOIT DE NOUVEAU M'EN VOULOIR. TANT MIEUX ! COMME ÇA, ELLE PERDRA LA FACE EN TANT QUE PRÉSENTATRICE DU CONCERT ! ÇA LUI APPRENDRA !

!

JE PENSE
QUE OUI.

IL EST
POSSIBLE
QUE
NEAR AIT
QUELQUE
CHOSE
À VOIR
LÀ-DEDANS.

OUI ?

LIGHT...

LE PREMIER
APPEL EST
VENU DE
L, PAS DE
GEVANNI...

Bip
Bip
Bip
Bip

KA
TCHAK

KA
TCHAK

JE NE
PEUX
PAS ME
TAIRE EN
SACHANT
QU'IL EST
DERRIÈRE
TOUT
ÇA.

MOGI
ET MISA
AMANE
ONT
DISPARU.

QU'Y
A-T-IL,
L ?

OUI,
JE ME SUIS
PERMIS DE LES
PLACER SOUS
MA GARDE.

QU'EST-CE QUE C'EST QUE CETTE PLAISANTERIE ?

COMMENT !?

NEAR...

PAR PRÉCAUTION.

POURQUOI ?

NEAR NE SAIT RIEN SUR LE DROIT DE PROPRIÉTÉ DU CAHIER. ET BIEN SÛR, IL IGNORE QUE CEUX QUI ONT FAIT L'ÉCHANGE DE "L'ŒIL" PERDENT LEURS POUVOIRS, À PARTIR DU MOMENT OÙ ILS RENONCENT À LA PROPRIÉTÉ DU CAHIER...

C'EST UN CRIME PUR ET SIMPLE.

ALORS, IL LES ENFERME !? L'AVAIT DÉJÀ UTILISÉ CE MOYEN, ET MAINTENANT, C'EST NEAR...!?

POUR LE MOMENT, JE DOIS DIRE TOUT CE QUE JE PENSE ET TE FAIRE COMPRENDRE LE SENS DE MES ACTIONS. SINON, NOUS N'AVANCERONS PAS.

LIGHT YAGAMI, TU DOIS SAVOIR POURQUOI J'AI AGI AINSI.

PEUT-ÊTRE COMPTE-T-IL AUSSI EN TIRER DES INFORMATIONS, MAIS JE NE M'INQUIÈTE PAS À CE SUJET.

NEAR L'IGNORE, C'EST POURQUOI IL A DÉCIDÉ D'ÉCARTER MISA QUI EST UN ÉLÉMENT INQUIÉTANT POUR LUI CAR IL LA CONSIDÈRE COMME LE DEUXIÈME KIRA...

EH BIEN...

NEAR, ENLEVER DES GENS ET LES ENFERMER CONSTITUENT UN CRIME ! ARRÊTEZ ÇA TOUT DE SUITE !

JE PEUX SANS PROBLÈME SUIVRE LA VOIE QUE ME TRACE NEAR POUR QUE SON PLAN... NON, POUR QUE NOS PLANS AVANCENT. MAIS JE DOIS AUSSI FAIRE BONNE CONTENANCE DEVANT LES HOMMES DU BUREAU D'ENQUÊTE...

!?

ILS NE SE TROUVENT PAS AU MÊME ENDROIT QUE MOI, MAIS SI VOUS VOULEZ, VOUS POUVEZ LEUR PARLER, L. VOULEZ-VOUS QUE JE VOUS METTE EN COMMUNICATION AVEC EUX ?

!

MONSIEUR MOGI ET AMANE ONT ACCEPTÉ LEUR SITUATION DE BONNE GRÂCE.

C'EST VRAI... MOGI N'EST PAS UN PROBLÈME, MAIS AMANE...

MAIS S'IL FAIT ÇA, NE VA-T-IL PAS DÉCOUVRIR QUI EST L ?

JE DOIS VÉRIFIER S'ILS SONT SAINS ET SAUFS ET SI CE QUE VOUS DITES EST EXACT, ALORS, METTEZ-MOI EN COMMUNICATION AVEC EUX.

KA TCHAK TCHAK TCHAK

VOILÀ.

LE NOUVEAU L EST LIGHT YAGAMI. NEAR LE SAIT. MISA SAIT QU'ELLE NE DOIT PAS M'APPELER "LIGHT" EN PUBLIC. EN FAIT, MÊME SI ELLE LE FAIT, CELA N'A PLUS D'IMPORTANCE. MAINTENANT, L'IMPORTANT EST D'AVANCER.

MOGI...

NEAR M'A DIT QU'IL VOUS AVAIT ENFERMÉS, MAIS EST-IL VRAI QUE VOUS AVEZ ACCEPTÉ DE BONNE GRÂCE ?

LIGHT !

!

MOGI, MISA, C'EST MOI, L.

SI DE CETTE FAÇON KIRA PEUT SE FAIRE ARRÊTER ET SI JE PEUX VIVRE AVEC MON AMOUREUX UNE FOIS QUE NOUS SERONS LIBÉRÉS, JE N'AI PAS D'OBJECTION.

MOCCHI A DIT QUE, POUR NOUS, IL VALAIT MIEUX RESTER SANS RIEN FAIRE JUSQU'À CE QUE TOUTE CETTE AFFAIRE AVEC KIRA SOIT RÉGLÉE, SINON, NOUS RISQUONS DE NOUS FAIRE TUER...

OUI...

~

MAINTENANT, JE VAIS REPRENDRE MA COMMUNICATION AVEC NEAR.

BON, ALORS SI ÇA VA POUR VOUS DEUX, TRÈS BIEN. MAIS N'OUBLIEZ PAS QUE VOUS POUVEZ SORTIR QUAND VOUS LE SOUHAITEZ.

KA hara

AUTREMENT DIT, MOGI A DÉCIDÉ DE FAIRE CONFIANCE À NEAR...

~

DANS CE CAS, JE SUIS SÛR QU'IL Y AURA DES GENS QUI SERONT PRÊTS À TUER KIRA... MAIS CELUI-CI NE SE LAISSERA SÛREMENT PAS TUER SANS RIEN FAIRE. IL SE SERVIRA DE SES ADORATEURS POUR EMPÊCHER QUE ÇA ARRIVE.

SI JE ME FAIS PASSER POUR L, QUE J'ANNONCE AU MONDE L'EXISTENCE DU CAHIER ET QUE J'EXPLIQUE QUI JE SOUPÇONNE D'ÊTRE KIRA, BEAUCOUP DE GENS ME CROIRONT SANS DOUTE.

L...

NEAR, VOILÀ, JE SUIS D'ACCORD AVEC VOTRE INITIATIVE.

BREF, LA QUESTION EST DE SAVOIR SI C'EST NEAR OU LIGHT QUI VA GAGNER.

C'EST LE SEUL MOYEN D'ARRÊTER KIRA SELON NEAR.

JE NE VEUX PAS QUE DU SANG SOIT VERSÉ POUR RIEN. JE VEUX METTRE UN TERME À CETTE AFFAIRE EN VAINQUANT KIRA MOI-MÊME.

CE TYPE... IL PENSE TOUJOURS QUE LIGHT EST KIRA !?

NEAR, VOUS FAITES ERREUR DANS VOTRE RAISONNEMENT. VOUS NE DEVEZ PAS ANNONCER AU MONDE CE QUI N'EST QU'UNE SIMPLE SUPPOSITION DE VOTRE PART.

SI JAMAIS MES IDÉES FAISAIENT FAUSSE ROUTE, ALORS... MÊME SI J'AI RAISON, MAIS QUE JE SUIS VAINCU PAR KIRA, ON POURRA DIRE SANS EXAGÉRATION QUE LE MONDE LUI APPARTIENDRA.

ET ALORS, KIRA ME TUERA.

C'EST VRAI. C'EST POURQUOI JE VEUX METTRE UN TERME À CETTE AFFAIRE EN METTANT KIRA FACE À UNE PREUVE ACCABLANTE.

NEAR... LE MONDE EST DÉJÀ PRESQUE DEVENU LE MONDE PARFAIT DONT RÊVE KIRA, C'EST POURQUOI NOUS DEVONS LE CAPTURER LE PLUS VITE POSSIBLE. C'EST L'UNIQUE POINT SUR LEQUEL JE SUIS D'ACCORD AVEC VOUS.

À CE MOMENT-LÀ, LA VICTOIRE DE KIRA SERA COMPLÈTE.

ET IL TUERA TOUS CEUX QUI CONNAISSENT L'EXISTENCE DU CAHIER.

L, JE SAIS QUE JE N'AI PAS BESOIN D'EN DIRE PLUS ET QUE VOUS ÊTES BIEN CONSCIENT DE LA SITUATION...

EN TOUT CAS, IL EST PRESQUE CERTAIN QU'AMANE ÉTAIT LE DEUXIÈME KIRA QUI AVAIT L'ŒIL DE LA MORT. C'EST POUR CELA QUE J'AI DÉCIDÉ DE L'ENFERMER, AU CAS OÙ KIRA DÉCIDERAIT DE NOUVEAU DE SE SERVIR D'ELLE. JE LA GARDERAI ENFERMÉE JUSQU'À CE QUE L'AFFAIRE KIRA SOIT RÉGLÉE, OU PLUTÔT, AUSSI LONGTEMPS QUE JE L'ESTIMERAI NÉCESSAIRE.

C'EST DRÔLE, NEAR... DANS MON CAS, C'EST MIKAMI QUI FAIT AVANCER MES PRÉPARATIFS. LE VAINQUEUR, CE SERA MOI. COMME TU VIENS DE LE DIRE, TOUT CEUX QUI SONT AU COURANT DE L'EXISTENCE DU CAHIER, Y COMPRIS TOI, MOURRONT.

ÉVIDEMMENT ! TU AVANCES PEU À PEU DANS TES PRÉPARATIFS. TU M'AS INFORMÉ SPÉCIALEMENT QUE TU TE DÉBARRASSAIS DE CEUX DONT TU N'AVAIS PAS BESOIN POUR PRÉPARER LE TERRAIN.

TU AS PARLÉ DES SOUPÇONS DE L À NEAR, AIZAWA ?

OUI. LES ADORATEURS, FUSSENT-ILS DE KIRA OU DE L, SONT VRAIMENT PÉNIBLES.

EN TOUT CAS, NEAR VÉNÈRE TELLEMENT LE PREMIER L QU'IL EST OBSÉDÉ PAR L'IDÉE, QUI VIENT PEUT-ÊTRE D'AIZAWA OU DE MOGI, QU'IL NOUS SOUPÇONNAIT MISA ET MOI. IL FAUT VITE CAPTURER KIRA POUR QUE NEAR SOIT LIBÉRÉ DE SON OBSESSION.

TANT QU'ILS DISENT QUE ÇA NE LES DÉRANGE PAS D'ÊTRE ENFERMÉS, IL N'Y A RIEN À FAIRE.

QU'EST-CE QU'ON FAIT, LIGHT ? ON LAISSE MOGI ET AMANE COMME ÇA ?

ARRÊTEZ DE VOUS FOUTRE DE NOUS ! VOUS VOULIEZ TERMINER LE SPECTACLE SANS NOUS MONTRER MISAMISA ? MONTREZ-LA-NOUS !

DAM
DAM

EUH... EXCUSEZ-MOI ! JE NE PARLAIS PAS À TAKKI... EUH... À MADAME TAKADA...!

DAM
DAM

WAH! AAH!
TCHAK

JE VOUS SOUHAITE UNE BONNE ANNÉE ! BONSOIR !

LE MONDE A BEAUCOUP CHANGÉ EN 2009. ESPÉRONS QUE L'ANNÉE PROCHAINE SOIT UNE ANNÉE ENCORE MEILLEURE POUR LE MONDE ENTIER !

APPAREMMENT, LIDNER ET LES AUTRES ONT RÉUSSI. BON... À MON TOUR MAINTENANT!

HÉLAS, JE DOIS PRÉSENTER MES EXCUSES À VOUS TOUS QUI NOUS REGARDEZ.

MALHEUREUSEMENT, MISA AMANE, QUE L'ON SURNOMME MISAMISA ET QUI DEVAIT OUVRIR LE CONCERT CETTE ANNÉE, N'EST TOUJOURS PAS ARRIVÉE.

PAGE 96. PAR AILLEURS

IL EST NEUF HEURES PASSÉES...

DAI KYOTO HOTEL

VRAAM

FITNESS CLUB
ÉCOLE DE NATATION

ET IL VA TOUJOURS À SON CLUB DE FITNESS LES JEUDIS ET DIMANCHES, DE 21 H À 22 H 30 ?

DIMAN-CHE 27 DÉCEMBRE.

OUI. JE M'Y SUIS INSCRIT MOI AUSSI POUR POUVOIR FAIRE PLUS DE RECHERCHES À SON SUJET.

OUI, MIKAMI A UNE VIE RÉGLÉE COMME DU PAPIER À MUSIQUE, SI CE N'EST QUE L'HEURE À LAQUELLE IL QUITTE SON TRAVAIL DIFFÈRE LÉGÈREMENT CHAQUE JOUR. DE PLUS, IL EST UN PEU OBSÉDÉ PAR LA PROPRETÉ...

DANS CE CAS, ON PEUT SUPPOSER QU'IL IRA JEUDI PROCHAIN AUSSI, MÊME SI C'EST LE 31 DÉCEMBRE.

OUI. S'IL Y EST ALLÉ UN PREMIER JANVIER, JE NE VOIS PAS POURQUOI IL NE S'Y RENDRAIT PAS LE SOIR DU RÉVEILLON !

GRATTE GRATTE

DEPUIS SON INSCRIPTION IL Y A QUATRE ANS, IL SE REND AU CLUB LES MÊMES JOURS ET AUX MÊMES HEURES. EN 2006, LE PREMIER JANVIER TOMBAIT UN DIMANCHE, MAIS IL Y EST QUAND MÊME ALLÉ. À MON AVIS, LA RAISON POUR LAQUELLE IL A CHOISI UN CLUB DANS UN HÔTEL OUVERT TOUTE L'ANNÉE EST QU'IL NE VEUT PAS CHANGER LES JOURS ET LES HEURES POUR S'Y RENDRE.

GEVANNI, EST-IL POSSIBLE POUR VOUS DE TOUCHER LE CAHIER AU CLUB DE FITNESS LE 31 DÉCEMBRE ?

SI MIKAMI VA À SON CLUB DE FITNESS, LE 31 DÉCEMBRE, TAKADA PRÉSENTERA LE CONCERT DU NOUVEL AN AU MÊME MOMENT...

!

SI JE DOIS TOUCHER LE CAHIER SANS M'INTRODUIRE CHEZ MIKAMI, IL N'Y A QU'AU CLUB DE FITNESS QUE JE POURRAI LE FAIRE. ET JE DEVRAIS POUVOIR OUVRIR SON CASIER ET SON SAC SANS DIFFICULTÉ.

JE PENSE QUE JE POURRAI TOUCHER LE CAHIER, OUI...

...

TAKADA SERA EN TRAIN DE PRÉSENTER LE CONCERT DU NOUVEL AN, ET, POUR PLUS DE SÉCURITÉ, JE TROUVERAI UN MOYEN D'ATTIRER L'ATTENTION DE L.

!

ALORS, SI MIKAMI VA AU CLUB LE 31, J'AIMERAIS QUE VOUS EN PROFITIEZ POUR TOUCHER SON CAHIER.

OUI. IL Y A BIEN SÛR DES CAMÉRAS DE SURVEILLANCE À L'INTÉRIEUR, MAIS IL N'Y EN A AUCUNE DANS LA SALLE OÙ SE TROUVENT LES CASIERS, VU QUE C'EST LÀ QUE LES GENS SE CHANGENT...

AVEZ-VOUS VÉRIFIÉ TOUT LE SYSTÈME DE SÉCURITÉ DE L'HÔTEL ?

MIKAMI...

ÇA VA.
IL N'Y A PAS
DE CAMÉRA
DANS LES
VESTIAIRES.
MIKAMI A
LE CASIER
NUMÉRO 19...

VESTIAIRES
MESSIEURS

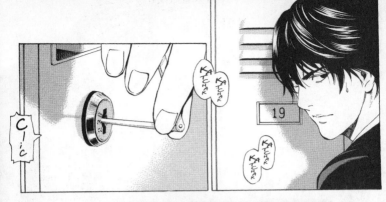

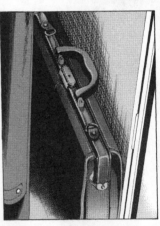

NON... DANS CE CAS, JE SERAIS DÉJA MORT... JE DOIS LE TOUCHER, JE N'AI PAS LE CHOIX.

SI UN DIEU DE LA MORT HANTE MIKAMI...

CA VA...
JE NE
VOIS PAS
DE DIEU DE
LA MORT
POUR
L'INSTANT...

HAA... SI ON N'ATTRAPE PAS KIRA RAPIDEMENT, JE RESTERAI ENFERMÉE ICI !? POURQUOI DONC ?

MIKAMI ET GEVANNI ONT DÛ QUITTER L'HÔTEL VERS 23 H.... ENSUITE, GEVANNI DEVAIT SUIVRE MIKAMI JUSQUE CHEZ LUI. IL VA DONC BIENTÔT NOUS APPELER.

MAIS ELLE N'A RIEN DIT, MÊME QUAND ON L'A ENFERMÉE PENDANT PLUS DE 50 JOURS... JE NE PENSE PAS QU'ELLE NOUS FOURNIRA LA MOINDRE INFORMATION. MAIS IL S'AGIT D'UN CAHIER QUI PEUT TUER DES GENS. SES POUVOIRS DÉPASSENT SÛREMENT L'ENTENDEMENT. BIEN SÛR, NOTRE BUT EST D'ÉLUCIDER CE MYSTÈRE, MAIS...

MISA AMANE... L LA SOUPÇONNAIT D'ÊTRE LE DEUXIÈME KIRA...

ALORS ?

Bip Bip Bip

J'EN SUIS CONSCIENT. JE NE M'ATTENDAIS PAS À CE QUE NOUS OBTENIONS DES INFORMATIONS D'AMANE. JE L'AI ENLEVÉE POUR FACILITER LA TÂCHE À GEVANNI ET POUR LE CAS OÙ KIRA AURAIT BESOIN DE SON "ŒIL".

C'EST GEVANNI !

JUSQU'À PRÉSENT, JE N'AI PAS VU DE DIEU DE LA MORT.

AH !

J'AI RÉUSSI À TOUCHER LE CAHIER.

MIKAMI EST ARRIVÉ CHEZ LUI À 0 H 07. JE L'AI SUIVI JUSQUE CHEZ LUI.

J'AI TOUCHÉ LE CAHIER À 21 H 09.

...

ALORS, VEUILLEZ CONTINUER À SURVEILLER MIKAMI.

ET PENDANT CES TROIS HEURES, VOUS N'AVEZ PAS VU DE DIEU DE LA MORT, N'EST-CE PAS ?

TRÈS BIEN.

NON.

BIP

MONSIEUR MOGI, VOUS SOUVENEZ-VOUS DES RÈGLES DE LA MORT EN VIGUEUR LORSQUE HIGUCHI ORGANISAIT DES RÉUNIONS DE LA MORT CHEZ YOTSUBA ?

LES RÈGLES DE LA MORT ? QU'EST-CE QUE C'EST QUE ÇA ? C'EST HORRIBLE !

!

COMMANDANT RESTER, METTEZ-MOI EN COMMUNICATION AVEC MONSIEUR MOGI.

KATCHAK KATCHAK

CELA REMONTE À ASSEZ LONGTEMPS...

OUI, JE M'EN SOUVIENS.

IL FAUT QUE JE COLLABORE AVEC NEAR, MAINTENANT...

OUI. NOUS NE L'AVONS PAS VÉRIFIÉ NOUS-MÊMES, MAIS LES MEURTRES CHEZ YOTSUBA L'ONT DÉMONTRÉ.

... C'EST BIEN ÇA ?

EN ÉCHANGE D'INFORMATIONS SUR MELLO QUE J'AI DONNÉES AU NOUVEAU L, CELUI-CI M'A PARLÉ DES RÈGLES INSCRITES DANS LE CAHIER, AINSI QUE DES RÈGLES DE LA MORT. SI QUELQU'UN DOIT MOURIR DE MALADIE, ON PEUT CONTRÔLER CETTE PERSONNE PENDANT LES 23 JOURS PRÉCÉDANT SA MORT, À MOINS QUE LA MALADIE NE METTE PLUS DE TEMPS POUR PROVOQUER LA MORT...

JE VOUS REMERCIE.

NOUS DEVRONS DONC AFFRONTER L...

ALORS, ENVISAGEONS LA POSSIBILITÉ QU'UN DIEU DE LA MORT POSSÈDE LE CAHIER DE MIKAMI, QU'IL AIT DÉJÀ DIT À CELUI-CI QUE GEVANNI A TOUCHÉ LE CAHIER ET QUE GEVANNI SOIT CONTRÔLÉ GRÂCE AU CAHIER DE FAÇON À CE QU'IL NOUS DISE QUE MIKAMI N'EST PAS HANTÉ PAR UN DIEU DE LA MORT.

MAIS JE VAIS CONTINUER À PROGRESSER DANS MON PLAN EN SUPPOSANT QUE GEVANNI SERA TOUJOURS VIVANT.

... SI GEVANNI EST ENCORE VIVANT DANS 24 JOURS.

C'EST VRAI. KIRA RÉPOND, MAIS PAR MAIL, AVEC LA LISTE DES CRIMINELS À PUNIR... LES CHOSES NE SE DÉROULENT PAS COMME NOUS LE PENSIONS...

"LE PLUS PRÉOCCUPANT" ? C'EST PAS TRÈS SYMPA DE LA PART DE LIGHT !

LE PLUS PRÉOCCUPANT, C'EST QUE NOUS N'ARRIVONS PAS À POUSSER KIRA À T'APPELER DIRECTEMENT MALGRÉ LES COMMENTAIRES QUE TU AS FAITS À LA TÉLÉVISION.

COMME IL SAIT QU'ELLE EST AUX MAINS DE NEAR...

CES MAILS ME PERMETTRONT PEUT-ÊTRE DE DÉTERMINER L'ÂGE DE KIRA, LA RÉGION OÙ IL SE TROUVE... EN TOUT CAS, JE POURRAI AU MOINS DÉTERMINER DANS QUEL ÉTAT D'ESPRIT IL EST.

AH OUI ?

MÊME S'IL TE RÉPOND DANS SES MAILS ADRESSÉS AU DIRECTEUR DE LA CHAÎNE, JE SUIS SÛR QUE NOUS POURRONS TROUVER DES ÉLÉMENTS DANS LES MAILS DONT TU M'AS REMIS UNE COPIE.

Fff FFFF

OUI, LIGHT EN EST SÛREMENT CAPABLE. D'AILLEURS, C'EST GRÂCE À L'ANALYSE DE LIGHT QUE NOUS AVONS COMMENCÉ À ENQUÊTER SUR YOTSUBA.

AH OUI ?

VU LA SITUATION ACTUELLE DANS LE MONDE, JE NE PEUX PAS ENVOYER CES MAILS À UN SPÉCIALISTE POUR LES FAIRE ANALYSER. MAIS JE PEUX M'EN CHARGER MOI-MÊME. JE VAIS FAIRE TOUT CE QUE JE PEUX ! DANS L'INTÉRÊT DE NOTRE AVENIR AUSSI.

LIGHT...

EN PLUS, JE NE PEUX PAS M'EMPÊCHER DE L'IMAGINER EN COMPAGNIE DE TAKADA, EN TRAIN D'ÉCRIRE SUR LE BLOC-NOTES QU'IL VA TUER NEAR... ET QU'IL VA TOUS NOUS TUER... QUELLE HORREUR...

LIGHT PRÉSENTE LES CHOSES COMME SI L'ENQUÊTE AVANÇAIT, MAIS MOI, JE SUIS SÛR QU'IL NE MÈNE AUCUNE RECHERCHE. EN FAIT, L'ENQUÊTE NE PROGRESSE PAS.

TOUT SE DÉROULE COMME JE L'AVAIS PRÉVU.

C'EST BIEN AINSI...

SI NEAR A CAPTURÉ MISA ET MOGI, SES PRÉPARATIFS DOIVENT ÊTRE À PEU PRÈS TERMINÉS...

D'ACCORD. JE TE FAIS CONFIANCE, LIGHT.

QUAND T'AURA TOUT VÉRIFIÉ, IL FAUT QU'IL TE LE DISE.

ENSUITE, QUAND IL T'AURA ENVOYÉ CE MESSAGE, CONTACTE-MOI IMMÉDIATEMENT, PAR TÉLÉPHONE OU PAR MAIL EN ME DISANT QUE TU VEUX ME VOIR RAPIDEMENT.

ALORS, PEUX-TU CONTINUER À ME TRANSMETTRE TOUS LES MESSAGES DE KIRA À L'AVENIR ?

IL NE ME RESTE PLUS QU'À ATTENDRE QUE MIKAMI ME CONFIRME QU'IL A TOUT VÉRIFIÉ.

JE N'AI PAS VU DE DIEU DE LA MORT DE TOUTE LA SEMAINE. MIKAMI A REPRIS SON TRAVAIL ET IL CONTINUE SON TRAIN-TRAIN HABITUEL DEPUIS HIER.

LE 6 JANVIER.

ALORS, GEVANNI ?

?

JE PENSE QU'IL N'Y A PLUS DE RISQUE.

...

MAIS CETTE FOIS, PHOTOGRAPHIEZ TOUTES SES PAGES.

JE VOUDRAIS QUE VOUS TOUCHIEZ DE NOUVEAU LE CAHIER QUAND VOUS IREZ AU CLUB DE SPORT DEMAIN.

LA PLUPART DES MEURTRES SONT COMMIS APRÈS MINUIT, MAIS JE VOUDRAIS SAVOIR SI C'EST À CAUSE DE LA VIE BIEN RÉGLÉE DE MIKAMI OU SI C'EST PARCE QU'IL PEUT PRÉCISER LE MOMENT DE LA MORT.

OUI. JE VOUDRAIS VOIR COMMENT LES NOMS Y SONT INSCRITS.

PHOTO-GRAPHIER LES PAGES ?

... VOIR SI MIKAMI A DES PETITES MANIES...

JE VEUX SAVOIR S'IL Y A DES RÈGLES POUR ÉCRIRE DANS LE CAHIER...

... ET AUSSI SAVOIR À QUOI RESSEMBLE CE CAHIER. SON ASPECT GÉNÉRAL, LA COUVERTURE ET LE DOS DE COUVERTURE... JE VEUX OBSERVER LES MOINDRES DÉTAILS DE MES PROPRES YEUX.

TRÈS BIEN...

GEVANNI A FAIT DU BON TRAVAIL.

QU'EST-CE QUE ÇA DONNE, NEAR ?

CE N'EST PAS CE QUE JE VOULAIS DIRE.

OUI.

À PART DEMEGAWA ET L'HOMME QU'IL A TUÉ DANS LE MÉTRO, TOUS LES NOMS DES VICTIMES ONT ÉTÉ INSCRITS APRÈS MINUIT. DE PLUS, SEULS LES NOMS SONT INSCRITS.

UNE PAGE PAR JOUR... IL CESSE DE RENDRE LA JUSTICE QUAND LA PAGE EST PLEINE...

L'ÉCRITURE SUR LES PAGES DE CE CAHIER CORRESPOND À CELLE QUI SE TROUVE SUR LES RAPPORTS D'ENQUÊTES ET SUR LES AUTRES DOCUMENTS QU'IL REMPLIT POUR SON TRAVAIL DE PROCUREUR. C'EST L'ÉCRITURE DE MIKAMI, C'EST INCONTESTABLE.

BON...

JE PENSE QUE ÇA IRA COMME ÇA.

DEATH NOTE
How to use it
LXIV

○ The following situations are the cases where a god of death that has brought the DEATH NOTE into the human world is allowed to return to the world of gods of death.

Les cas suivants sont ceux où un dieu de la Mort ayant apporté un death note dans le monde des humains est autorisé à retourner dans le monde des dieux de la Mort.

1. When the god of death has seen the end of the first owner of the DEATH NOTE brought into the human world, and has written that human's name on his/her own DEATH NOTE.

Quand un dieu de la Mort a été témoin de la mort du premier propriétaire du death note qu'il avait apporté dans le monde des humains et qu'il a écrit le nom de cet humain dans son death note.

2. When the DEATH NOTE which has been brought in is destroyed, like burned, and cannot be used by humans anymore.

Quand le death note qui a été apporté dans le monde des humains est détruit, par exemple par le feu, et qu'il ne peut plus être utilisé par des humains.

3. If nobody claims the ownership of the DEATH NOTE and it is unnecessary to haunt anyone.

Quand personne ne fait valoir de droit de propriété sur le death note.
Il n'est pas nécessaire de hanter quelqu'un d'autre.

4. If, for any reason, the god of death possessing the DEATH NOTE has been replaced by another god of death.

Si le dieu de la Mort attaché au cahier a été remplacé, pour une raison quelconque, par un autre dieu de la Mort.

5. When the god of death loses track of the DEATH NOTE which he/she possesses, cannot identify which human is owning the DEATH NOTE, or cannot locate where the owner is, and therefore needs to find such information through the hole in the world of gods of death.

Quand le dieu de la Mort perd la trace de son death note, qu'il ne peut pas identifier la personne qui le possède ou qu'il ne peut pas déterminer l'endroit où se trouve son propriétaire. Pour obtenir ces informations, il doit regarder par le trou qui se trouve dans le monde des dieux de la Mort.

Even in the situations 2, 3, and 4 above, gods of death are obliged to confirm the death of the first owner and write down that human's name in his/her DEATH NOTE even when he/she is in the world of gods of death.

Même dans les situations décrites aux points 2, 3 et 4 susmentionnés, les dieux de la Mort ont l'obligation de confirmer la mort du premier propriétaire et d'écrire son nom dans leur death note même quand ils se trouvent dans le monde des dieux de la Mort.

UNE PAGE PAR JOUR... MIKAMI A UNE VIE RÉGLÉE COMME DU PAPIER À MUSIQUE, ET L'INSCRIPTION DES NOMS DANS LE CAHIER FAIT PARTIE DE SA VIE...

D'APRÈS LA LISTE DES VICTIMES ET L'HEURE SUPPOSÉE DE LEUR MORT, LES NOMS SONT TOUJOURS INSCRITS DANS LE CAHIER CHAQUE SOIR APRÈS MINUIT, SANS INDICATION DE L'HEURE DE LA MORT.

LE 8 JANVIER 2010 À 3 H DU MATIN.

PAGE 97. DE TOUT

AUCUN DIEU DE LA MORT N'Y EST ATTACHÉ...

LE CAHIER DE LA MORT...

EUH...?

GEVANNI, LES PHOTOGRAPHIES SONT TRÈS BIEN PRISES. AVEC CETTE PRÉCISION, ÇA IRA.

COMMANDANT RESTER, PASSEZ-MOI GEVANNI !

QUOI QU'IL EN SOIT, L'IMPORTANT EST QUE VOTRE NOM NE S'Y TROUVE PAS.

OUI... UN CAHIER STANDARD COMME CEUX UTILISÉS DANS LES UNIVERSITÉS...

MAIS... JE M'ATTENDAIS À CE QUE LE CAHIER DE LA MORT SOIT PLUS ÉTRANGE, QU'IL DÉGAGE QUELQUE CHOSE DE MAGIQUE... ALORS QUE C'EST JUSTE UN CAHIER ORDINAIRE, COMME LE DISAIT MELLO.

OUI !

C'EST VRAI...

NEAR, TOUT VA BIEN. EST-CE QUE JE VOUS SEMBLE ÊTRE SOUS LE CONTRÔLE DE QUELQU'UN ? SI C'ÉTAIT LE CAS, JE N'AURAIS JAMAIS PU PRENDRE LES PHOTOS.

LE CAHIER QUI SE TROUVE AU Q.G. DU BUREAU D'ENQUÊTE EST SOUS LA SURVEILLANCE DE MONSIEUR AIZAWA. AUSSI LONGTEMPS QU'UN DIEU DE LA MORT N'EST PAS ATTACHÉ À CE CAHIER, ON PEUT ÊTRE SÛRS QUE VOUS N'ÊTES PAS MANIPULÉ PAR UN Y-KIRA AVEC UN TROISIÈME CAHIER.

SI VOUS N'ÊTES PAS MALADE ET QUE VOUS VIVEZ ENCORE 23 JOURS APRÈS AVOIR TOUCHÉ LE CAHIER, LE 23 JANVIER, CELA SIGNIFIERA QU'AUCUN DIEU DE LA MORT N'ÉTAIT ATTACHÉ AU CAHIER QUAND VOUS L'AVEZ TOUCHÉ ET QUE MIKAMI NE VOUS CONNAÎT PAS.

MAIS POUR PLUS DE SÛRETÉ, ALLEZ PASSER UN EXAMEN MÉDICAL COMPLET DANS UN HÔPITAL POUR ÊTRE SÛR QUE VOUS N'ÊTES PAS ATTEINT D'UNE MALADIE.

OUI...

... NOUS EN FINIRONS UNE FOIS POUR TOUTES AVEC CE COMBAT CONTRE L.

ET S'IL N'Y A PAS DE DIEU DE LA MORT, VOUS POURREZ FILER MIKAMI SANS PROBLÈME. ALORS, APRÈS LE 23 JANVIER, À LA PREMIÈRE OCCASION...

LE 23... IL RESTE UN PEU PLUS DE DEUX SEMAINES D'ICI LÀ...

MAIS POUR METTRE MON PLAN À EXÉCUTION, JE DOIS ENCORE VOUS DEMANDER QUELQUES EFFORTS, GEVANNI.

EN ATTENDANT, NOUS SURVEILLERONS LIGHT YAGAMI, KIYOMI TAKADA ET TERU MIKAMI COMME NOUS L'AVONS FAIT JUSQU'À PRÉSENT...

BIEN.

CÉRÉMONIE
D'ACCESSION
À LA
MAJORITÉ

CETTE ANNÉE AUSSI, LES CÉRÉMONIES D'ACCESSION À LA MAJORITÉ SE SONT DÉROULÉES SANS ENCOMBRE.

CÉRÉMO
D'ACCESSI
À LA
MAJORITÉ

KIYOMI TAKADA

CETTE ANNÉE AUSSI, LES CÉRÉMONIES D'ACCESSION À LA MAJORITÉ SE SONT DÉROULÉES SANS ENCOMBRE.

CÉRÉMO
D'ACCESSI
À LA
MAJORITÉ

KIYOMI TAKADA

ENTENDU.

NEAR, ÇA S'EST BIEN PASSÉ. J'AI FAIT TOUT CE QUE VOUS M'AVIEZ DEMANDÉ.

LE 22 JANVIER À 2 HEURES DU MATIN.

DORÉNAVANT, JE VOUDRAIS QUE VOUS OBSERVIEZ MIKAMI COMME AUPARAVANT JUSQU'AU DIMANCHE 24.

BIEN.

... NOUS IRONS IMMÉDIATEMENT NOUS MESURER À L.

SI VOUS NE REMARQUEZ RIEN DE BIZARRE DANS L'ATTITUDE DE MIKAMI...

T... C'EST TOUT CE QUE J'AI À VOUS COMMUNIQUER POUR AUJOURD'HUI.

TRÈS BIEN.

LE 23 JANVIER.

"TOUT VÉRIFIÉ"...

Bip
Bip
Bip

J'AI TOUT VÉRIFIÉ.

Bip

OUI ?

MOI AUSSI, J'AI QUELQUE CHOSE À VOUS DIRE.

Nouveau message 2010/1/23
To
Sub

Je veux te voir rapidement.

C'EST TAKADA.

Bip
Bip
Bip

ELLE VEUT TE VOIR ! JE SUIS VACHEMENT JALOUX !

VOILÀ ! CELA SIGNIFIE QUE MIKAMI LUI A DIT QU'IL AVAIT TOUT VÉRIFIÉ !

NEAR N'ESSAIERA JAMAIS D'ATTRAPER MIKAMI OU DE LE TUER !

CELA SIGNIFIE QUE NEAR EST ARRIVÉ JUSQU'À MIKAMI PLUS VITE QUE JE LE PENSAIS... MAIS C'EST BIEN AINSI.

JE SAVAIS DÈS LE DÉBUT EN QUOI CONSISTERAIT TON PLAN !

NEAR... J'AI GAGNÉ !

JE N'AI PLUS QU'À ATTENDRE QUE NEAR ME DISE QU'IL VEUT ME RENCONTRER.

J'AVAIS PENSÉ QU'IL DÉCOUVRIRAIT MIKAMI UN JOUR OU L'AUTRE ET QU'IL FINIRAIT PAR AGIR COMME IL L'A FAIT...

NEAR, JE NE DEVRAIS PAS VOUS DIRE ÇA, MAIS ÇA VA MARCHER, J'EN SUIS SÛR.

LE 25 JAN-VIER À 4 HEU-RES DU MATIN.

ICI, GEVANNI.

KATCHAK

KATCHAK

NEAR, J'AI VÉRIFIÉ LE CAHIER. PENDANT CES TROIS DERNIERS JOURS, UNE PAGE A ÉTÉ REMPLIE CHAQUE JOUR ET LES NOMS INSCRITS CORRESPONDENT À CEUX DES VICTIMES.

EN PLUS, MIKAMI N'A EU AUCUN COMPORTEMENT INHABITUEL.

BIEN...

C'EST VRAI... NOUS POUVONS TOUJOURS NOUS ASSURER DE LEUR ÉTAT QUAND NOUS LE VOULONS, MAIS NEAR NE NOUS A PLUS APPELÉS DEPUIS...

MAIS QU'EST-CE QUE NEAR A DANS LA TÊTE ? ÇA FAIT PLUS DE TROIS SEMAINES QU'IL GARDE MOGI ET MISAMISA EN CAPTIVITÉ !

LE 25 JANVIER À 9 HEURES DU MATIN.

DIS CE QUE TU VEUX, AIZAWA... LA PARTIE EST PRESQUE TERMINÉE ! ET JE VOUS SOULAGERAI TOUS DE VOS SOUFFRANCES TRÈS BIENTÔT.

BAH, POUR NOUS NON PLUS, PENDANT CES TROIS SEMAINES, L'ENQUÊTE N'A PAS AVANCÉ... JE PENSE QUE LUI COMME NOUS SOMMES DANS UNE IMPASSE. ON N'Y PEUT RIEN.

184

ET POUR PLUS DE SÛRETÉ, IL A ATTENDU 23 JOURS POUR VOIR SI LA PERSONNE QUI AVAIT APPROCHÉ MIKAMI ÉTAIT SOUS SON CONTRÔLE OU PAS... PUIS IL A EU LA CERTITUDE QUE MIKAMI NE CONTRÔLAIT PAS CETTE PERSONNE.

TROIS SEMAINES... EN REMONTANT DANS LE TEMPS, LES CHOSES SONT CLAIRES... NEAR A DÛ DÉCOUVRIR MIKAMI ET L'APPROCHER AU MOMENT OÙ IL ENFERMAIT MOGI ET MISA...

TOUT VA BIEN, NEAR... N'AIE PAS PEUR ET AVANCE DANS TON PLAN...

DE PLUS, CELA SIGNIFIE QUE NEAR A DÉCOUVERT QU'AUCUN DIEU DE LA MORT N'ÉTAIT ATTACHÉ À MIKAMI.

OUI.

AINSI, TOUT EST PRÊT, N'EST-CE PAS, NEAR ?

VA-T-IL SE LANCER ?

Bip Bip Bip

LE 25 JANVIER 2010 À 11 H 05.

L...

QU'Y A-T-IL, NEAR ?

AH ! C'EST NEAR !

IL Y A QUELQUE CHOSE EN RAPPORT AVEC KIRA QUE JE DOIS ABSOLUMENT VOUS MONTRER.

J'AIMERAIS VOUS RENCONTRER.

SON PRÉTEXTE EST QU'IL VEUT ME "MONTRER" QUELQUE CHOSE...

PARDON ?

DEATH NOTE
How to use it
LXV

- In the world of gods of death there are a few copies of what humans may call user guidebook for using the DEATH NOTE in the human world. However, the guidebook is not allowed to be delivered to humans.

  Dans le monde des dieux de la Mort se trouvent quelques exemplaires de ce que les humains appelleraient probablement un "guide d'utilisation des death notes dans le monde des humains". Toutefois, ce guide ne peut pas être donné à des humains.

- It is perfectly okay for gods of death to read the guidebook for him/herself and teach humans about its contents, no matter what the content may be.

  Les dieux de la Mort peuvent lire le guide d'utilisation, puis en expliquer le contenu, quel qu'il soit, à des humains.

ALLEZ-Y, JE VOUS ÉCOUTE.

IL Y A QUELQUES MODALITÉS QUE J'AIMERAIS QUE VOUS RESPECTIEZ POUR NOTRE RENCONTRE.

LIGHT YAGAMI... TU DOIS SAVOIR À PEU PRÈS CE QUE JE VAIS TE DIRE... SI NOUS NE POUVONS PAS ÊTRE FACE À FACE, NOS PLANS RESPECTIFS TOMBERONT À L'EAU! C'EST POURQUOI CE QUE JE POSE COMME CONDITIONS VA DE SOI, ET LA FAÇON DONT JE VAIS UTILISER MIKAMI AUSSI.

PAGE 98. TOUT LE MONDE

NEAR SAIT QUELLES CONDITIONS IL DOIT POSER POUR ME FAIRE VENIR. JE VAIS LE LAISSER PARLER, ET SI SES CONDITIONS SONT TROP DÉSAVANTA-GEUSES, JE N'AI QU'À LES REFUSER.

NON !

PUISQUE VOUS ME SOUPÇONNEZ D'ÊTRE KIRA, IL EST NORMAL QUE VOUS VOULIEZ ÉNONCER EN DÉTAIL LES MODALITÉS DE NOTRE RENCONTRE. QUANT À NOUS, NOUS NE METTONS PAS DE CONDITIONS À CETTE RENCONTRE.

PAGE 98. TOUT LE MONDE

AUTREMENT DIT, TOUS CEUX QUI RECHERCHENT KIRA SERONT PRÉSENTS.

TOUT D'ABORD, IL FAUT QUE TOUS NOS ENQUÊTEURS SOIENT PRÉSENTS...

POURQUOI TOUS NOS ENQUÊTEURS DOIVENT-ILS SE TROUVER LÀ ?

TRÈS BIEN, NEAR. SANS CETTE CONDITION, JE NE ME DÉPLACERAIS PAS. MAIS QUEL PRÉTEXTE VAS-TU TROUVER POUR QUE TOUT LE MONDE SOIT RÉUNI ?

POUR LIGHT YAGAMI, QUI EST KIRA, IL EST INDISPENSABLE QUE TOUS LES MEMBRES DU S.P.K. SOIENT LÀ.

PAS MAL...

SI NOUS DEVONS AVOIR UN FACE À FACE, IL NOUS FAUT DES TÉMOINS.

ET EN DEMANDANT À TOUT LE MONDE D'ÊTRE PRÉSENT, JE VEUX EMPÊCHER QUE DES TIERS SOIENT AU COURANT DE CETTE RENCONTRE OU QU'ILS CONNAISSENT MON VISAGE.

ET PUIS, NOUS AVONS TOUS RISQUÉ NOS VIES POUR TROUVER KIRA. SI JE PROUVE L'IDENTITÉ DE KIRA, TOUT LE MONDE A LE DROIT, OU PLUTÔT, L'OBLIGATION DE SE TROUVER LÀ.

ET MÊME SI JE RÉUSSIS À PROUVER QUE VOUS ÊTES KIRA, VOUS POURREZ TOUJOURS ME TUER PAR STRANGULATION EN DERNIER RECOURS.

TRÈS BIEN. C'EST D'ACCORD.

QU'EST-CE QUI VA SE PASSER ?

TOUS CEUX QUI S'OCCUPENT DE CETTE AFFAIRE VERRONT CE QUI SE PASSERA AU COURS DE CETTE RENCONTRE. QUAND ILS AURONT ÉTÉ TÉMOINS DE L'ISSUE DE LA RENCONTRE ET QU'ILS AURONT PRIS CONSCIENCE DE LA RÉALITÉ DES FAITS, NOUS COLLABORERONS POUR DÉCIDER CE QU'IL FAUT FAIRE.

MONSIEUR MOGI DONT J'AI LA GARDE EN CE MOMENT NOUS ACCOMPAGNERA, ET JE LIBÉRERAI AMANE JUSTE AVANT NOTRE RENCONTRE SANS LUI DIRE OÙ NOUS ALLONS.

TONK

CE SONT LES MEMBRES DU S.P.K. AU COMPLET.

COMME JE VOUS L'AI DÉJÀ DIT, NOUS SOMMES QUATRE.

ÇA...

QU'EN DITES-VOUS ?

NOUS NOUS RENCONTRERONS APRÈS QUE VOUS VOUS SEREZ ASSURÉ QU'AMANE EST BIEN LIBRE.

LE S.P.K. COMPTE QUATRE MEMBRES, NEAR INCLUS...

ROLL

NON, MÊME S'IL S'EST ASSOCIÉ À NEAR, UNE FOIS QUE J'AURAI TUÉ NEAR, IL NE SERA PLUS QU'UN SIMPLE CRIMINEL. PERSONNE NE LE CROIRA, ET DE TOUTE FAÇON, JE CONNAIS SON VRAI NOM.

IL RESTE MELLO... MAIS MÊME S'IL TENTE QUELQUE CHOSE DE SON CÔTÉ, JE NE PENSE PAS QU'IL COLLABORE AVEC NEAR...

AUTREMENT DIT, S'IL NE ME MENT PAS, PERSONNE NE SUIVRA MIKAMI À CE MOMENT-LÀ...

TRÈS BIEN, NEAR.

VOUS INSISTEZ SUR CE POINT PARCE QUE VOUS PENSEZ QUE JE SUIS KIRA ET QUE JE NE VIENDRAI PAS À MOINS D'ÊTRE SÛR QUE VOUS SEREZ VRAIMENT LÀ, N'EST-CE PAS ?

NEAR, POUR MOI, PEU IMPORTE QUE CELUI QUI SERA LÀ SOIT VOUS OU PAS.

MONSIEUR AIZAWA POURRA VOUS DIRE SI LES QUATRE PERSONNES QUE VOUS VERREZ SONT VRAIMENT LES MEMBRES DU S.P.K.

D'AILLEURS SI LE VRAI NEAR N'EST PAS LÀ, NOS PLANS RESPECTIFS TOMBERONT À L'EAU...

NOS FIERTÉS SONT EN JEU DANS CETTE CONFRONTATION ! SI NEAR NE VIENT PAS EN PERSONNE, CELA SIGNIFIERA QU'IL N'A JAMAIS ÉTÉ UN HÉRITIER DIGNE DE L.

MAIS JE SAIS QUE POUR VOUS, IL FAUT QUE LE VRAI L SOIT LÀ...

LIGHT YAGAMI... C'EST LA BONNE RÉPONSE À DONNER EN TANT QUE L.

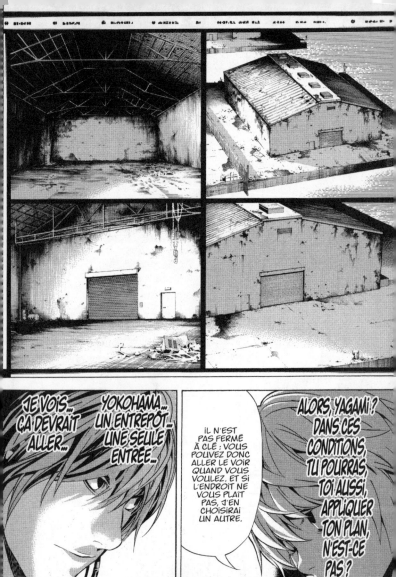

JE VOIS... ÇA DEVRAIT ALLER... YOKOHAMA... UN ENTREPÔT... UNE SEULE ENTRÉE...

IL N'EST PAS FERMÉ À CLÉ : VOUS POUVEZ DONC ALLER LE VOIR QUAND VOUS VOULEZ, ET SI L'ENDROIT NE VOUS PLAIT PAS, J'EN CHOISIRAI UN AUTRE.

ALORS, YAGAMI ? DANS CES CONDITIONS, TU POURRAS, TOI AUSSI, APPLIQUER TON PLAN, N'EST-CE PAS ?

AINSI, VOUS SEREZ CERTAIN QUE PERSONNE À L'EXTÉRIEUR NE VERRA VOTRE VISAGE, N'EST-CE PAS ?

LES MEMBRES DE NOS GROUPES RESPECTIFS VÉRIFIERONT AVANT D'ENTRER S'IL N'Y A PAS DE CAMÉRAS CACHÉES.

ET PUIS...

CECI POUR ÉVITER QU'IL Y AIT DES FUITES.

OUI. C'EST POURQUOI JE VEUX INTERDIRE TOUS LES APPAREILS DE TÉLÉCOMMUNICATION À L'INTÉRIEUR DE L'ENTREPÔT.

COMME NEAR SOUPÇONNE LIGHT, IL CRAINT DE SE FAIRE TUER S'IL SE FAIT PRENDRE EN PHOTO.

POURQUOI VA-T-IL SI LOIN ?

...

... POUR ÉVITER QUE L'ON NE PRENNE DES PHOTOS AU MOYEN DE PORTABLES ÉQUIPÉS D'APPAREILS PHOTO.

IDE A RAISON. C'EST PARCE QUE NEAR PENSE QUE LIGHT NE POSSÈDE PAS L'OEIL DE LA MORT QU'IL VEUT EMPÊCHER LIGHT D'ENVOYER SA PHOTO À QUELQU'UN D'AUTRE QUI POURRAIT ÉCRIRE SON NOM DANS LE CAHIER.

NEAR PENSE SANS DOUTE QUE LIGHT NE POSSÈDE PAS L'OEIL DE LA MORT.

MAIS SI LIGHT EST KIRA, IL VERRA LE VISAGE DE NEAR UNE FOIS SUR PLACE, ALORS, À QUOI CELA LUI SERVIRAIT-IL D'AVOIR UNE PHOTO DE NEAR ?

J'AIMERAIS QU'UN AUTRE QUE VOUS, L, APPORTE LE CAHIER QUI SE TROUVE À VOTRE Q.G.

PAS D'APPAREILS DE TÉLÉ-COMMU-NICATION...

D'ACCORD.

IL Y A AUSSI QUELQUE CHOSE QUE J'AIMERAIS QUE VOUS APPORTIEZ.

!

POURQUOI VOULEZ-VOUS LE CAHIER ?

AH OUI...

LE CAHIER...

JE VOUS PROMETS QUE JE NE TENTERAI PAS DE VOUS LE VOLER, NI MÊME DE LE TOUCHER. SI MONSIEUR AIZAWA ME CERTIFIE QU'IL S'AGIT BIEN DU CAHIER QUI SE TROUVE À VOTRE Q. G., JE LE CROIRAI.

C'EST TRÈS SIMPLE. SI VOUS QUITTEZ TOUS LE Q.G., IL N'Y AURA PERSONNE POUR VEILLER DESSUS.

MAIS IL FAUT QUE CE SOIT UN AUTRE QUE L QUI AIT LE CAHIER. VU QUE JE SOUPÇONNE L D'ÊTRE KIRA...

C'EST D'AC-CORD ?

NEAR... SURVEILLER LE CAHIER... D'ACCORD...

ENTENDU. N'IMPORTE QUEL MOMENT NOUS ARRANGERAIT, DE TOUTE FAÇON.

13 HEURES... IL A CHOISI LE MOMENT AUQUEL JE M'ATTENDAIS... NEAR PREND DONC LES ACTIVITÉS DE MIKAMI EN COMPTE...

QUE DITES-VOUS DU 28 À 13 HEURES, DANS TROIS JOURS ?

OUI.

Bip

Bip

ALORS, NOUS NOUS VERRONS DANS TROIS JOURS, À 13 HEURES.

...ET C'EST MOI QUI GAGNERAI...

JE SAIS QUEL EST TON PLAN...

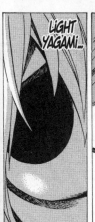

LIGHT YAGAMI...

NEAR...

DANS TROIS JOURS... TOUT SE TERMINERA-T-IL DONC À CE MOMENT-LÀ ?

MATSUDA, TU ES TROP OPTIMISTE.

J'IGNORE CE QUE NEAR VEUT NOUS MONTRER, MAIS J'AI HÂTE DE LE SAVOIR !

EUH... OUI !

BON, AIZAWA, IL EST BIENTÔT L'HEURE D'ALLER À L'HÔTEL...

SI LIGHT EST KIRA ET QU'IL GAGNE, NEAR SERA TUÉ, ET NOUS AUSSI...

DANS TON CAS, PEUT-ÊTRE, OUI...

QU'Y A-T-IL DE MAL À ÊTRE OPTIMISTE ? C'EST UNE QUALITÉ !

PUIS-JE LAISSER LIGHT VOIR TAKADA, MAINTENANT QUE LE MOMENT DE LA CONFRONTATION A ÉTÉ FIXÉ ?... SI LIGHT REND LA JUSTICE PAR L'INTERMÉDIAIRE D'UN AUTRE AU NOM DE KIRA, IL VA PEUT-ÊTRE LUI TRANSMETTRE LES DÉTAILS DE LA RENCONTRE EN PASSANT PAR TAKADA...

J'AVAIS OUBLIÉ QUE TU AVAIS UN RENDEZ-VOUS AVEC TAKADA AUJOURD'HUI.

OUI. MERCI DE ME SERVIR DE CHAUFFEUR À CHAQUE FOIS !

ALLONS-Y, LIGHT.

MAIS NEAR N'A PAS POSÉ COMME CONDITION QUE L NE VOIE PAS TAKADA PENDANT LES TROIS JOURS PRÉCÉDANT LA CONFRONTATION, CE QUI SIGNIFIE QUE LEUR RENCONTRE ÉVENTUELLE NE GÊNE PAS NEAR...

JE VAIS DEMANDER À TAKADA DE NE PAS FAIRE DE DÉCLARATIONS AUDACIEUSES À LA TÉLÉVISION PENDANT CES TROIS JOURS. ON NE SAIT JAMAIS CE QUI POURRAIT ARRIVER QUAND NEAR NOUS AURA MONTRÉ CE DONT IL NOUS A PARLÉ !

C'EST SANS DOUTE UNE SAGE DÉCISION.

POURTANT, IL ME SEMBLE TRÈS CALME... EST-CE PARCE QU'IL EST KIRA QU'IL SE SENT AUTANT À L'AISE ? NON, IL ME PARAÎT CALME PARCE QUE MOI, JE NE LE SUIS PAS.

HM ? IL Y A DE QUOI !

JE NE SAIS PAS CE QUE NEAR A DANS LA TÊTE, MAIS JE VAIS AVOIR DU MAL À GARDER MON CALME PENDANT CES TROIS JOURS !

OCCUPÉ ? TU VEUX DIRE QUE TU NE PEUX PAS RESTER JUSQU'AU MATIN ?

KIYOMI, JE SUIS DÉSOLÉ, MAIS AUJOURD'HUI, JE SUIS ASSEZ OCCUPÉ ET...

HOTEL

DONC IL NE POURRA PAS LUI DIRE GRAND-CHOSE.

MATSUDA, TOI ALORS !

QUOI...? JE SUIS DÉÇU, MOI !

C'EST BIEN DOMMAGE...

AUJOURD'HUI, JE VIENS JUSTE POUR QUE TU ME DONNES LES COPIES DES MAILS DE KIRA.

OUI, EXCUSE-MOI. JE VAIS ÊTRE TRÈS PRIS PENDANT DEUX OU TROIS JOURS PAR LE BUREAU D'ENQUÊTE...

GNEUH !

J'AI DÉJÀ DONNÉ MES INSTRUCTIONS À MIKAMI ET À TAKADA. CECI EST MA DERNIÈRE INSTRUCTION QUI ME PERMETTRA DE TUER NEAR.

LE 28 JANVIER À 13 H

EMBARCADÈRE DAIKOKU

ENTREPÔT YELLOW BOX

VR-RRR

GYAAAN GYAAAN

!!

BASSHHH

MADE-
MOISELLE
TAKADA !
ÇA VA ?

OUI.

UN
OPPOSANT
À KIRA !!

PROTÉGEZ
MADE-
MOISELLE
TAKADA !

IL S'ENFUIT !
POURSUIVEZ-
LE !

NON ! APRÈS CETTE ATTAQUE, IL EST TROP DANGEREUX DE RESTER PRÈS DU BÂTIMENT DE NHN OU À L'INTÉRIEUR !

DROOOM

MADE-MOISELLE TAKADA ! ENTREZ VITE DANS LE BÂTIMENT !

MELLO...

VITE !

EN TOUT CAS, LE MIEUX EST DE VOUS ÉLOIGNER DE CET ENDROIT ! MONTEZ, MADEMOISELLE TAKADA !

DROOOM

ÉQUIPES A ET B ! PROTÉGEZ MADE-MOISELLE TAKADA AVEC VOS VOITURES !

LES AUTRES ÉQUIPES POURSUIVENT LA VOITURE DE L'AGRESSEUR !

VOUS POUVEZ Y ALLER, MADEMOISELLE. MONTEZ VITE ET ÉLOIGNEZ-VOUS D'ICI !

DEATH NOTE
How to use it
LXVI

○ Some limited number of DEATH NOTEs have white or red front covers, but they would make no difference in their effects, as compared with the black cover DEATH NOTEs.

Un nombre limité de death notes a une couverture rouge ou blanche, mais ces cahiers ne diffèrent en rien, en ce qui concerne leur utilisation et leurs effets, des cahiers à couverture noire.

Galerie des lecteurs

Marie-Anne Souquet
18 ans - Jurançon

Caroline Curdy
17 ans - Rambouillet

Loïc Levéillé Nizerolle
16 ans - Paris

Marie Fessol
14 ans - Rouen

Manon Bernard
18 ans - Sanvignes-les-Mines

Galerie des lecteurs

Audrey Martinez
19 ans - Vauvenargues

Jérémy Dubrunquet
19 ans - Valenciennes

Kim
18 ans - Clermont-Ferrand

Flora Sinama
18 ans - Varennes-sur-Seine

Kelly Delfraissy
18 ans - Catigny

Sarah Guardagnino
Charnay-les-Mâcon

DEATH NOTE

L change le monde ?!

Nous vous avons déjà présenté les deux films live tirés du manga "Death Note". Mais nous n'avions fait qu'évoquer le film spin-off sorti en 2008 et qui est centré sur le personnage de L.

L change the worLd (2008)

Ce nouveau film, intitulé "L change the worLd", est sorti sur grand écran le 9 février 2008, soit plus d'un an après la sortie du second volet de Death Note".
Sa durée est de 129 minutes.

L'histoire

Le film présente les 23 derniers jours de la vie de L et la dernière affaire sur laquelle il aura à travailler.
La population d'un village de Thaïlande a été entièrement décimée par un nouveau type de virus. L met à profit le temps qu'il lui reste à vivre pour résoudre cette énigme. Cependant, un seul enfant a échappé à l'épidémie qui a réduit son village à néant. L le prend sous son aile.

Il ne tarde pas à découvrir qu'un groupe de bioterroristes, les blueship, tentent d'exterminer l'humanité.

Les acteurs

Parmi les acteurs principaux de ce film se trouvaient déjà dans les deux films précédents, il n'y a plus que Ken'ichi Matsuyama (dans le rôle de L) et Junji Fujimura (dans celui de Watari).

La carrière de Matsuyama, qui avait déjà le vent en poupe, a été boostée par le succès des deux films précédents de "Death Note" au point que l'acteur jouit désormais d'une solide notoriété au pays du Soleil-Levant. C'est l'acteur jeune et à la mode actuellement. Il incarnera également en 2009 le rôle principal d'un film live tiré d'un manga, "Kamui Gaiden".

Quant à Junji Fujimura, sa carrière est principalement orientée vers les séries live télévisées. Parallèlement, il est également chorégraphe.

Yûki Kudô joue le rôle de Kimiko Kujô, l'assistante du professeur Nikaidô et l'ancienne pensionnaire de la Wammy's House. Elle a joué notamment dans "Rush Hour 3".

Maki Nikaidô, l'autre petite protégée de L dans le film, est interprétée par Mayuko Fukuda. Malgré ses 13 ans, elle a déjà un nombre impressionnant de rôles à son actif, notamment dans des TV Drama. Enfin, le jeune garçon que recueille L et qui est nommé Boy durant tout le film est joué par Narushi Fukuda. Bien que son nom de famille soit écrit de la même façon que celui de l'actrice précédente, aucune source ne précise s'ils sont bien frère et sœur.

Misa Amane et Ryûk, le Dieu de la Mort, font une brève apparition dans ce film.

Par ailleurs, il avait été prévu au départ que le personnage de Matsuda y apparaîtrait également. Cependant, toutes les scènes où il figurait ont été coupées au montage, même si son nom apparaît au générique. Ces scènes ont cependant été regroupées dans une des séquences de l'émission spéciale pour promouvoir la sortie du film (voir ci-dessous). On ne sait pas encore si elles seront réintégrées dans la version director's cut en cours de préparation.

Les spectateurs ayant acheté leurs places à l'avance ont eu en
cadeau ces attaches pour téléphone portable inspirées du film.
© 2008 "L" FILM PARTNERS © 2008 "L" PLOT PRODUCE

Le staff de production

Cette fois-ci, et contrairement aux opus précédents, le film est réalisé
par Hideo Nakata. Il a notamment dirigé les films "Ring" et "Ring 2"
ainsi que "The Ring 2", le remake américain. Il s'est fait connaître en
réalisant des films d'horreur, même s'il avoue lui-même ne pas vouloir
faire que ça.

"L change the worLd" est scénarisé par Hirotoshi Kobayashi, qui est
également romancier. Il a écrit, par exemple, les versions romancées
de "Fushigi no Umi no Nadia" (Nadia et le secret de l'eau bleue) et
il a travaillé aux scénarios de "Miracle Girls" (1993) et d' "Astroboy"
(2003).

La musique est toujours composée par Kenji Kawai qui, des membres
principaux du staff des deux films précédents, est le seul rescapé.
Pour plus de détails sur son œuvre, reportez-vous au volume 5 de
"Death Note".

L'édition collector du film contenant de nombreux bonus.
© 2008 "L" FILM PARTNERS © 2008 "L" PLOT PRODUCE

Le téléfilm

Le 8 février, la veille de sa sortie, une émission spéciale a été diffusée sur ce film. La diffusion a eu lieu de **26 h 30 à 27 h 00*** sur la chaîne Nippon TV. Le titre de ce téléfilm est "Death Note Spin-off "L" Kôkai Kinen SP" (téléfilm à l'occasion de la sortie de "L", spin-off de "Death Note").

Le générique

La chanson du film est chantée par un artiste international : Lenny Kravitz. Le titre s'intitule "I'll be waiting" et il est disponible dans l'album "It Is Time For A Love Revolution". C'est la première fois qu'une chanson de cet artiste est utilisée dans un film japonais. Seul un titre de son album "Are You Gonna Go My Way" (1993) a été utilisé pour une publicité et pour le générique d'une émission japonaise.

Remarques

Comme on l'a signalé plus haut, la durée de ce nouveau film est de 129 minutes, soit 2 heures et 9 minutes, exactement comme les chiffres de la date de sortie, le 2/9. D'ailleurs, à l'origine, la sortie du film avait été prévue pour le 29 février, une date exceptionnelle, car ce jour n'existe que lors des années bissextiles. Cependant, la sortie a été finalement avancée de 20 jours.

Pour créer l'évènement et donner aux spectateurs l'envie d'aller voir ce film, le second film, "Death Note the Last Name", a été diffusé à la télévision la veille de la sortie de "L change the worLd", le vendredi 8 février 2008.

* Pour les horaires de diffusion, les Japonais ont l'habitude de continuer à compter les heures après minuit. Par exemple, plutôt que d'indiquer "les mercredis à 00 h 56 (0 h 56)", ils disent "les mardis à 24 h 56".

Un single de la chanson de Lenny Kravitz en édition limitée.
© 2008 "L" FILM PARTNERS
© 2008 "L" PLOT PRODUCE

Le guide officiel du film.
© 2008 "L" FILM PARTNERS
© 2008 "L" PLOT PRODUCE

Rappelez-vous que le premier film de "Death Note" avait été également diffusé à la télévision juste avant la sortie au cinéma du second volet et qu'il avait obtenu un taux d'audience mémorable de 24,5 % (voir les pages de fin de "Death Note" volume 5).

La diffusion du second film à la télévision pour promouvoir "L change the worLd" n'a pas réalisé un score d'audience aussi bon (23,6 %), mais il s'agit néanmoins de la plus forte audience de la télévision japonaise cette semaine-là ! La diffusion a eu lieu sur la chaine Nippon TV, toujours dans l'émission "Kinyô Tokubetsu Road Show".

De plus, ces trois jours furent très chargés en actualité "Death Note", car le lendemain de la sortie, le 10 février, a été diffusée la version director's du second téléfilm de la série : "Death Note Relight Genshi suru Kami". Côté manga, un one-shot traitant du monde après l'affaire Kira a été publié dans le magazine "Shônen Jump" sorti le 9, et un nouveau jeu vidéo est sorti sur DS le 7 !

Les slogans

De nombreux slogans ont été créés pour ce film. Les voici :

           † *Les 23 derniers jours de L que personne ne veut manquer.*

           † *Vous ne connaissez de L que ses actions dans "Death Note".*

           † *L peut-il changer ? Le monde peut-il changer ? Qui en sera le sauveur ?*

           † *Le retour de L dans l'action.*

           † *Après la fin de l'affaire Kira survient la rencontre avec un dieu de la Mort créé par l'homme.*

Les résultats

Il est encore un peu tôt pour avoir les résultats financiers définitifs de ce film à l'heure où sont écrites ces lignes (avril 2008). Cependant, lors des trois premiers jours d'exploitation, le film a réalisé un bénéfice total de 846 000 000 de yens, battant ainsi la première partie de "Death Note" de 140% et se propulsant à la première place des films de ce week-end (le film est sorti un samedi).

Ce film est d'ores et déjà sorti dans plusieurs pays en Asie, et, fait rarissime, la sortie a eu lieu quasiment simultanément au Japon, à Taiwan, en Corée et à Hong Kong. Cela s'est fait grâce à la distribution du film par Warner Bros. Le film est également sorti en Thaïlande, où certaines scènes ont été filmées.

Ce dernier film en date de "Death Note" a l'originalité de mettre l'accent sur L, qui n'est pas le personnage principal du manga d'origine. Il a également le bon goût de partager avec le spectateur les derniers moments du détective qui ne sont décrits nulle part dans les diverses adaptations de "Death Note". Il met aussi en avant d'autres personnages tirés de l'œuvre originale et il sera donc davantage apprécié par les fans de cette œuvre.
Après la sortie chez nous des deux premiers films de la série en salle et en DVD, il ne reste plus qu'à attendre patiemment l'arrivée de ce troisième opus sous nos latitudes.

Uchû Senshi Edomondo
http://www.animemorial.net

Comment faire des miracles avec peu de moyens?!

Talentueux chirurgien, le Dr Kotô reprend la clinique de la petite île de Koshiki. Il devra y faire ses preuves pour espérer gagner la confiance de ses habitants. Nanti d'un moral à toute épreuve, il est prêt à relever le défi!